スウェーデンボルグ

科学から神秘世界へ

高橋和夫

講談社学術文庫

まえがき

本書は一八世紀のスウェーデンが生んだ稀代の科学者兼神秘家、エマヌエル・スウェーデンボルグ（Emanuel Swedenborg）（一六八八―一七七二年）の思想の入門書である。スウェーデンボルグは一九八八年に生誕三〇〇年を迎えたが、現代において彼を再評価しようという気運が世界各地で高まっている。

欧米では一九世紀中から広く知られていたスウェーデンボルグも、わが国へ本格的に紹介されたのは二〇世紀の初頭になってからである。一般には、禅学の大家、鈴木大拙《だいせつ》（一八七〇―一九六六年）博士が彼の著作の最初の翻訳者として知られている。

しかし大拙博士以前にも、著作の読者はいた。筆者の知るかぎり、内村鑑三（一八六一―一九三〇年）が最初の読者のひとりのようだ。『余《よ》は如何《いか》にして基督《キリスト》信徒となりし乎《か》』には、若き鑑三のスウェーデンボルグとの邂逅が述べられている。一八八五年四月一九日の日記に鑑三はこう記している。

彼〔スウェーデンボルグ〕の心は余の構想力を越えた心であった、そして彼の洞察ははなはだ多くの場合においてまことに驚嘆すべきものである。〔…〕あの著《いちじる》しい人の余の思想に及ぼした影響は常に健全であった。

（鈴木俊郎訳、岩波文庫、一九五八年、一四八—一四九ページ）

日本人独自のキリスト教の受容を主張し、無教会主義を標榜した鑑三の後年の思想には、スウェーデンボルグの少なからぬ影響が見られるはずである。

大拙博士による本格的な紹介は、一九一〇年から始まった。この年に、スウェーデンボルグの最もポピュラーな宗教著作『天界と地獄』が初めて邦訳出版されている。博士はその三年後、『スヱデンボルグ』という小著作を出版したが、その序言ほどスウェーデンボルグの全体像を生き生きと素描したものはないであろう。

神学界の革命家、天界地獄の遍歴者、霊界の偉人、神秘界の大王、古今独歩の千里眼、精力無比の学者、明敏、透徹の科学者、出俗脱塵《だつじん》の高士、之《これ》を一身に集めたるをスヱデンボルグとなす。

（丙午出版社、一九一三年、一ページ）

大拙博士はこののちスウェーデンボルグの数冊の著作を翻訳出版し、以後は欧米への仏教の紹介に専念している。スウェーデンボルグの思想が従来のキリスト教の枠をはみ出て仏教にも通底することをよく知っていた博士は、研究はいちおう打ち切ったものの、生涯スウェーデンボルグの影響を保ち続けたと思われる。それは、九一歳の博士が『天界と地獄』の他人による邦訳書に、進んで書名を揮毫《きごう》したことからも明らかである（一八一ページ図版参照）。

また、あまり知られていないことだが、博士は自宅に"To do good is my Religion."（善を為《な》すは我が宗教なり）という自作の英文の標語を板に彫《ほ》って掲げていた。これは、博士がスウェーデンボルグに打ち込んだ若い頃に覚えた、スウェーデンボルグの普遍的な宗教思想を端的に表明した有名な言葉と無関係ではない、と筆者は考える。その有名な言葉とは、次のように英訳されるものである（原文はラテン語）。

All religion has relation to life, and the life of religion is to do good.

この言葉は、一九一〇年にロンドンで開かれた国際スウェーデンボルグ学会の標語として採用されたもので、この学会に日本からただひとり出席した博士は、「宗教はすべて人生と交渉す、而《しか》して宗教の生涯は善をなすにあり」と訳している。

大拙博士の紹介にもかかわらず、欧米とは異なり、わが国でスウェーデンボルグが思想界や宗教界に確たる位置を占めることはなかった。それは、彼の思想が哲学史的にはマイナーなものと見なされ、神学的には伝統的なキリスト教神学と対立する要素が多かったからである。そのため、根深い偏見と異端視とが支配的であったと言えよう。

一九八〇年代まで続いたそうした風潮の中で、鑑三と並んで日本のキリスト教界を代表した賀川豊彦（一八八八―一九六〇年）のスウェーデンボルグへの評価は、特筆に値する。豊彦は鑑三が重視した内面的な信仰よりも社会的な愛の実践を重んじ、貧しい人々への伝道や労働運動に身を投じた。彼は「宗教の生命は善を行なうことにある」というスウェーデンボルグの思想に共鳴したに違いない。彼の評言を引いておこう。

スエーデンボルグは愛の人である。世の人は、彼の不思議な超人間的な経験のみを知って、愛の使徒であることを知らない。〔…〕彼は、すべての理想と、すべての叡智が、愛であることを高調する。〔…〕多くの人が、この愛の賢人を理解しないで、徒《いたず》らに異端視することは、文明にとっての最大損失である。
（金井為一郎著『スエデンボルグ伝及「基督論」』新生堂、一九三五年刊に寄せた豊彦の序文）

鑑三、大拙、豊彦の三者は、アメリカ留学の際にスウェーデンボルグの思想に接している。現在もアメリカはスウェーデンボルグ研究の中心地であり、ここには、スウェーデンボルグ財団（Swedenborg Foundation）という、一八四九年に創立された非営利団体や、その他の有力な研究機関がある。おもにこれらの組織の援助によって、戦後、わが国でもスウェーデンボルグの宗教著作群が徐々に翻訳出版されてきた。いずれも英訳版からの重訳であったが、八〇年代半ば以降、主要な宗教著作のラテン語原典訳も出版され、これも広く読まれている。

スウェーデンボルグは八四年の生涯の前半生を科学者として、後半生を神学者として過ごしたが、科学的・哲学的著作も膨大な数に達する。これらはまだほとんど邦訳されていない。本書では、宗教著作だけでなく科学的・哲学的著作も考察の視野に収め、スウェーデンボルグの人と思想の全体像を描出したい。

しかし、アメリカの思想家R・W・エマーソン（一八〇三―八二年）が「全貌をとらえるには長い焦点距離を要する」「学問の世界に生きるミスリウムやマストドン〔古生物の巨獣〕のひとり」と称し、心理学者C・G・ユング（一八七五―一九六一年）が「偉大な科学者にして神秘家」と賛美したスウェーデンボルグを把握するのは容易ではない。力量不足の筆者のささやかな試みが少しでも読者の益につながるなら、これにまさる喜びはない。

＊本文中の引用文は、一部、大意をとった抄訳にしてある。引用のページ数は省略させてもらった。スウェーデンボルグの著作からの引用文末の数字は、彼自身が自著に付した小節の番号を示

している。また、引用文中の〔　〕は引用者による補足説明であり、ルビは引用者が振ったものもある。なお、引用文中の正字は常用漢字に、ルビは現代かなづかいに変更した。

目次

スウェーデンボルグ

科学から神秘世界へ

第一章　科学者としての出発

1　天文学・機械工学の修業

一七世紀までのスウェーデン

太古、スウェーデン全土は厚い氷に覆われていた。その最南端から氷河が解け始めたのは、紀元前一万二〇〇〇年頃と言われている。厳しい寒冷との戦いは、後退する氷を追ってここに住み着こうとした人々を、心身ともに鍛え上げたに違いない。バイキングと呼ばれた北欧古代の冒険家たちがキリスト教に改宗したのは、一一世紀頃のことと言われている。

小国だったスウェーデンを北方の大国、バルト海の覇者にのし上げたのは、一七世紀前半に活躍した「北方の獅子王」グスタフ二世アドルフ（在位一六一一―三二年）であった。彼は司法制度や郵便制度をつくり、北欧最古の大学、ウプサラ大学（一四七七年創立）を再建した。この頃、有名なファールンの銅鉱山はヨーロッパで最大の生産量を誇っている。

アドルフの娘クリスティーナ女王（在位一六三二―五四年）は、フランスからデカルトを宮廷に招いた。しかし厳しい冬の気候に耐えきれず、デカルトは風邪から肺炎を併発して、一六五〇年にストックホルムで客死した。デカルトの来訪は、やがてスウェーデンにも啓蒙の波が押し寄せる前兆であった。

クリスティーナの跡を継いだカルル一〇世グスタフ（在位一六五四―六〇年）と、その子カルル一一世（在位一六六〇―九七年）は絶対王政を確立したが、この二人は短命であった。

鉱山師の家系

エマヌエル・スウェーデンボルグは、一六八八年にストックホルムで生まれた。父イェスペル・スヴェードベリ（Jesper Svedberg）は、エマヌエルが生まれたとき、カルル一一世に仕える宮廷専属のルター派の牧師だった。のちに中部スウェーデンのスカーラ教区の主教、ウプサラ大学の神学部長となっている。母サラ・ベーム（Sara Behm）は、裕福な鉱山所有者の娘であり、夫イェスペルとの間に九子をもうけた。エマヌエルは次男だったが、長男が早世したため実質的な長男として育てられた。母ベームはエマヌエルが八歳のとき、三〇歳で病死している。

イェスペルの父ダニエル・イサクソンは、ダーラナ地方のファールン近くのスヴェーデン(Sveden) に先祖代々、農場と家屋敷を所有していた。またエマヌエルの母方の祖父と同様に、イサクソンは有名なファールンの銅山を所有・経営していた会社の株主であった。イサクソン自身も鉱山師としてスヴェーデンの古い銅山を再開発した。

スウェーデンボルグの父イェスペル・スヴェードベリと母サラ・ベーム

このスヴェーデンにちなむスヴェードベリという姓に、エマヌエルの父が若い頃に改姓したため、エマヌエルの生誕時の正式な姓名は、エマヌエル・スヴェードベリ(Emanuel Svedberg)であった。

スウェーデンに莫大な富をもたらしたファールンの銅山は、一三世紀に発見された。E・T・A・ホフマンの短篇小説『ファールンの鉱山』(*Die Bergwerke zu Fahun*, 1819)には、エマヌエルの先祖たちもたずさわったであろう厳しい鉱山業と、その仕事に夢を追った人々が描かれている。そして、エマヌエルは父の職業を選ばず、鉱山技師として生涯の大半を過ごすことになる。

神話では、鉱山師のシンボリズムは大地から霊的な価値あるものを引き出すことにある。鉱山技師となったエマヌ

ファールンの銅山

エルは、やがて神学者に転身して、聖書という巨大な鉱山から、その霊的な意味という豊かな鉱脈を発見する。そして無尽蔵な霊的な富を、惜しげもなく人々に分配することになる。

幼き日のエマヌエル

スウェーデンの讃美歌の作者としても知られ、時には天使とも語り合ったというシャーマン的素質を発揮したイェスペル・スヴェードベリは、その二番目の息子をエマヌエルと名づけた。その名前は「神がわれらと共に在《いま》す」を意味する。神がわが子を愛し有為な人間となるように、との その父の願いは空《むな》しくは終わらなかった。

ごく幼い頃からエマヌエルは、心霊的な感受性を持ち合わせていた。あるとき両親は、庭でひとりで遊んでいる息子を見かけた。ところが彼は、「遊び友だちと一緒にいたよ」と言う。そのため両親は驚いて、「この子は天使と話している」と語ったという。スウェーデンボルグ自身の後年の述懐によれば、四歳から一〇歳までの頃には絶えず神や救い、人間の霊的な病《やまい》といったことについて考え、六歳から一二歳にかけては、信仰や愛について聖職者たちと語り合うのを好んだという（友人のバイエル博士への手紙、一七六九年）。

自分が守護天使を持ち、天使と話を交わしたり霊的なメッセージを受けたりしたと信じていた父イェスペルは、明らかにシャーマニックな素質を有していた。聖職に就いてまもない日の夕方、彼は村人と共に、無人の教会から大きな歌声が響いてくるのを聴き、これは天使たちが歌っているに違いないと信じたのである。

父のこうした資質は、幼いエマヌエルにも受け継がれた。後年の、霊的な体験を書き留めた『霊界日記』（*Diarium Spirituale*）には、「こうして私は幼年期から長年にわたって、しばしば呼吸が静止してしまうような思考へと導かれた。そうした呼吸がなければ、真理の集中的な思考は可能ではない」（3464）とある。また、「子供の頃、私は彼ら〔おそらく彼の両親〕が朝夕の祈りを唱えていた間、自分の息をわざと止めたものだった。また私は、呼吸数を心臓の拍動数に一致させようとすると、理解力がほとんど消えそうになることを観察した」（3320）とも記されている。

こうした呼吸法は、ヨーガの基本的な技法の一つで、プラーナーヤーマと呼ばれ、思考を制御する呼吸法とされている。ヨーガの実践者の中にはスウェーデンボルグを無師独悟のヨーギと見なす者がいるが、彼は自然にこうした呼吸法を身につけたのである。

エマヌエルは八歳から一一歳まで、家庭教師について学んだ。その先生はヨハン・モレウス（Johan Moraeus）といい、父方の従兄《いとこ》であった。その教育の内容は伝わっていないが、当時のエリート教育の慣行どおりエマヌエルは一一歳でウプサラ大学に入学しているから、熱心な指導を受けたに違いない。

このモレウスは当時二〇代の青年で、のちに医師となった。彼の娘サラ・エリサベート（Sarah Elizabeth）は、かの大植物学者カール・フォン・リンネと結婚している。スウェーデンボルグの祖父が住んだスヴェーデンには、「リンネの婚礼の部屋」がある客用コテージが現在も残っている。

モレウスとエマヌエルの交流を伝える逸話がある。彼らはスカーラ周辺の田舎で化石探しをしたとき、巨大な骨を掘り出した。エマヌエルはこれを、ノアの大洪水以前に生きていた巨大動物の大腿骨だと考えたが、ウプサラ大学での鑑定の結果、それは鯨のあご骨と判明した。この骨の化石は現在もウプサラ大学の博物館に所蔵され、「スウェーデンボルグの鯨」と命名されている。

ウプサラ大学から海外遊学へ

スウェーデンボルグは一一歳のときウプサラ大学へ入学した。それは、なにも彼が特別な才能を有したからではなく、現代の中学・高校・大学の課程が一まとめになった大学への、通常の年齢による入学であった。

ウプサラ大学には当時、哲学・神学・法学・医学の四学部があり、彼は哲学部で数学と自然科学を専攻した。神学部では父イェスペルが神学教授のポストを占めていた。スウェーデンボルグは特に数学・医学・天文学に興味を示した。一〇年間の勉学のあと、彼は現代で言う「哲学修士」の学位を取得するために、セネカやプルタルコスなどローマの著者たちについて論じたが、学位取得にはこだわらなかったように思われる。そのため正式な学位のないまま、二一歳で大学を離れている。

彼の関心は、自国より進んでいたイギリスやフランスの文化や科学に向かった。大学を去った翌年の一七一〇年、彼はロンドンへ渡ることになる。そして、イギリスで二年、オランダとフランスで一年、ロストックとシュトラールズント（旧スウェーデン領、現ドイツ領）で二年を、それぞれ過ごしている。

スウェーデンボルグの遊学は五年に及ぶが、この間の消息は義兄エリック・ベンセリウス（Erik Benzelius）へ頻繁に出した手紙から知られている。ベンセリウスはスウェーデンボルグの姉アンナの夫であり、当時はウプサラ大学の図書館員、のちにそこの神学教授となった。

この遊学の当時、祖国は北方戦争（一七〇〇―二一年）のただ中に置かれ、国王カルル一一世の跡を一五歳で継いだカルル一二世（在位一六九七―一七一八年）は、ロシア、デンマーク、ポーランドとの戦争に明け暮れていた。世界の英雄列伝に名を連ねるカルル一二世の一万の軍は、緒戦でロシアのピョートル大帝の三万五〇〇〇の大軍を粉砕したが、モスクワ遠征には失敗している。そして一七〇九年夏、ポルタワに侵入したスウェーデン軍は壊滅的な打撃をこうむり、カルル一二世は再起を期してトルコへ逃亡した。

スウェーデンボルグの遊学の期間は、カルル一二世のトルコでの五年に及ぶ軟禁の期間とほぼ重なっている。この両者はスウェーデンに帰ったのち、親交を結ぶことになる。

イギリスでの天文学修業

ロンドンでスウェーデンボルグは、レンズ研磨職人や金管楽器の製造者など、さまざまな熟練工のもとに下宿した。それは彼らから技術をじかに学ぶためであった。また、著名な科学者たちの講演に足繁く通い、旺盛に新しい知識を吸収した。

とりわけ、スウェーデンボルグの天文学の修業は興味を引く。ベンセリウス宛の手紙で彼は、「毎日ニュートンを学び、彼に会ってその声を聞きたいと切望しております」と書き送り、天体望遠鏡、四分儀、プリズム、顕微鏡などの器械や、数学の書物を買い込んだことを書き送っている。

ニュートンにはついに会えなかったが、スウェーデンボルグはグリニッジ天文台にジョン・フラムスティード（John Flamsteed）を訪ね、その助手となって観測をした。その名を冠した天球図譜で知られるフラムスティードは、初代のグリニッジ天文台長であった。

当時、高度な航海術が必要とした、船舶や港の正確な位置を確定する「位置天文学」という特殊な天文学があった。海上での経度発見の方法を求め、イギリス政府は英貨二万ポンドの賞金を懸けて国際的競争を呼びかけている。グリニッジで一年あまり観測を続けたスウェ

18世紀のグリニッジ天文台

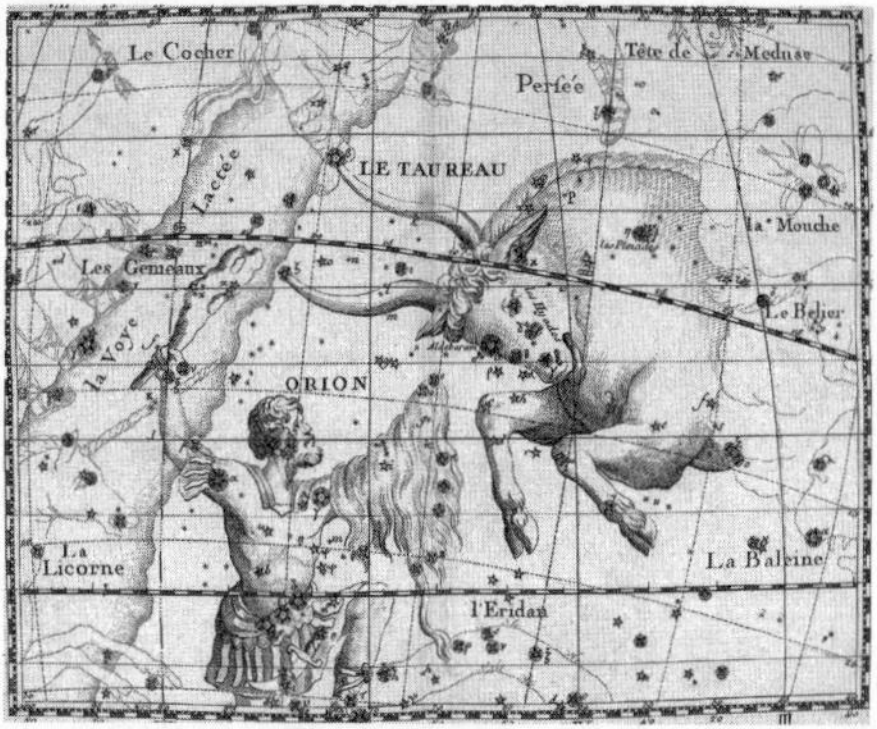

フラムスティードの天球図譜（1776年）

ーデンボルグは、月の位置を手がかりにして経度を決定する方法を創案し、論文にまとめた。

この時の彼の基本的な考えは正しいと見なされているが、難点は、月の位置の正確な予測の困難さにあった。これはニュートンをも悩ませた、天文学の最難問の一つであった。スウェーデンボルグ自身は自らの方法を確信して、そののち長くこれに固執したが、国内外で無関心な態度をとられるか批判を引き起こすだけであった。

その後スウェーデンボルグはオックスフォードにも行き、ハレー彗星の発見者エドモンド・ハレー（Edmund Halley）に会い、彼のもとでも研究を続けた。そこで若きスウェーデンボルグは、フラムスティードが作成した月の位置の詳細な一覧表に基づいた経度発見法について、ハレーと議論を交わした。しかしフラムスティードに対するハレーの職業的嫉妬からか、ハレーはスウェーデンボルグが示した経度発見法には、賛同しなかったという。

工学的発明への意欲

目的論を廃棄し、自然を精神から分断された精密な「機械」とデカルトが見なして以来、機械は人類の夢を実現する最高のモデルとなった。そして、スウェーデンボルグが天文学と並んで強い関心を示した分野もまた、機械工学であった。

遊学中に彼は数多くの工学的発明を企て、かなり詳細な設計図を描いている。一七一四年にベンセリウスへ宛てた手紙には、一四におよぶ発明考案品のリストが挙がっている。それは、潜航艇、七〇発の銃弾を同時発射できる自動空気銃、短時間に大量の水を高所へ吸い上げる吸水管《サイフォン》、はね橋、航空機、水時計、自動演奏楽器、「分析という手段で人間の心の意図や情緒を推測する装置」などである。

これらはいずれも、ただ設計されただけであるが、かなり詳細な図版も添えられており、彼の異能ぶりが十分に示されていると言えよう。

図aは、彼自身の手になる自動空気銃の図解であり、彼の編集した科学誌（三五ページ参照）に掲載された。

スウェーデンボルグの航空機はグライダー型のもので、現在の飛行機の原型ではない。図bは彼自身の設計の記述に添えられた図で、図cは後年、スウェーデンボルグ研究者のG・ゲンツリンガー（Gustav Genzlinger）が描き直したものである。機体には固定された翼《よく》、操縦士席、着陸装置がそなわり、これは航空機のデザインとして史上初めてのものである。操縦士の握るオール状のものは、スプリング付きの可動的な翼《よく》であるが、これは飛行中の空気抵抗を調節する装置である。図dはゲンツリンガーの試作機である。このように組み立てられた模型が、現在、ストックホルムの技術博物館とワシントンのスミソニアン航空宇宙博物館に展示されている。

スウェーデンボルグは、機体を支えるのに必要な翼面を正確に計算し、実際の飛行のため

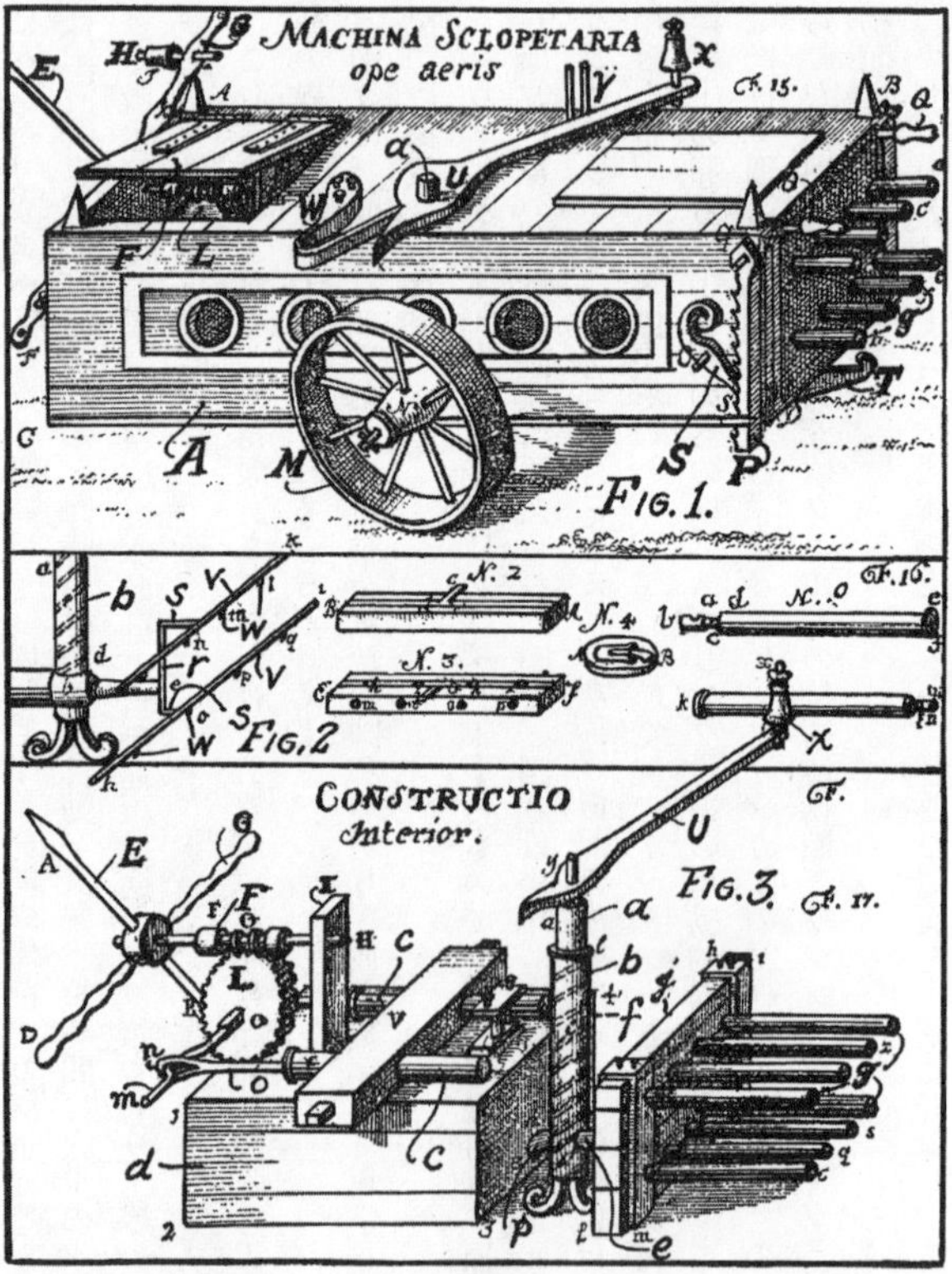

a 自動空気銃の図解（下図は内部構造）

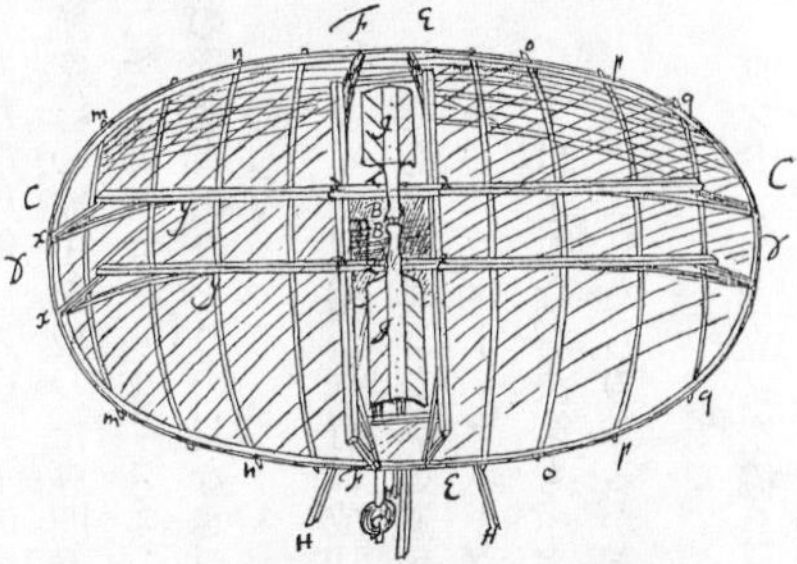

b スウェーデンボルグ自筆の航空機図

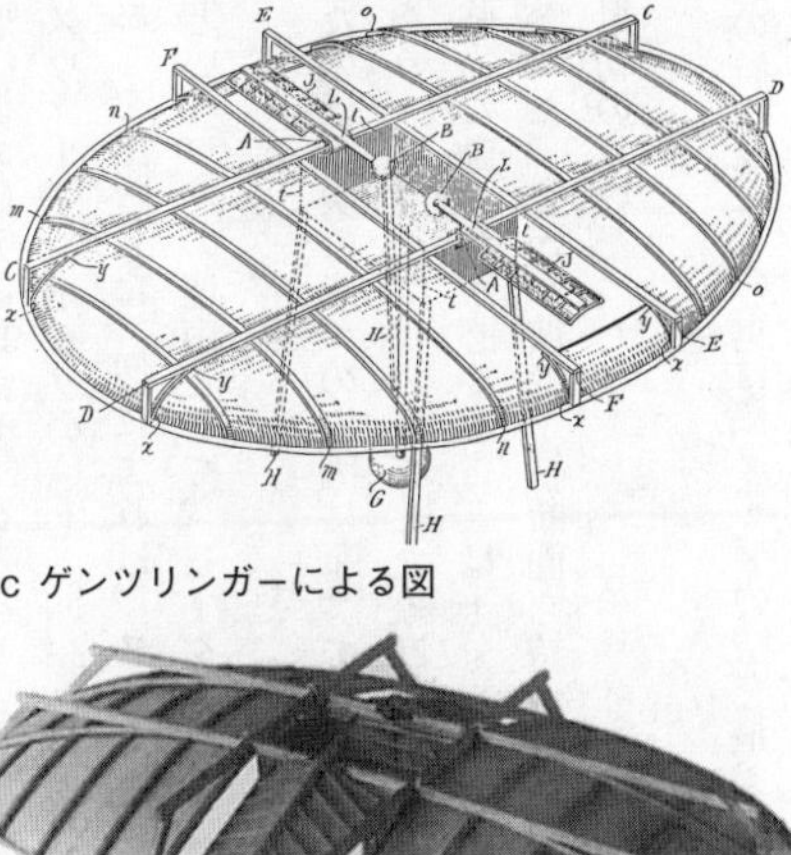

c ゲンツリンガーによる図

d ゲンツリンガーの試作機

には十分な動力源を発明しなければならないと考えていた。彼の設計したものは実用的とは言いがたいが、空気力学的原理を織り込んだ非常に合理的なものである。

一九八八年、スウェーデンの航空機の研究者H・ゼーダーベリ（Henry Söderberg）が、航空機の歴史を扱った専門書『スウェーデンボルグの一七一四年の航空機』（*Swedenborg's 1714 Airplane*, New York, 1988）を出版した。彼によれば、スウェーデンボルグは航空機の発明者のひとりと見なされるという。その理由として、ゼーダーベリはこう述べている。

ライト兄弟が飛行に成功したのは、次の二つの原因によっている。一つは十分な動力源としてのエンジンの適用であり、もう一つはカーブした縦断面を持つ固定翼の使用である。スウェーデンボルグは強力な動力源が必要なことは十分知っていたが、それに対してはどんな解決策も示さなかった。しかし彼は、縦断面を持つ固定翼の利点を認識していた、私たちの知るかぎり最初の人物だった。

ロンドンの王立航空協会は彼の航空機を、「飛行機タイプの空を飛ぶ機械の最初の合理的な設計」と評している。

実際に発明され使用された、スウェーデンボルグの後年の発明品の中でも最も重要なものが、鉱山業や河川の工事に関係する大がかりな装置であった。一例を挙げれば、図eは水力

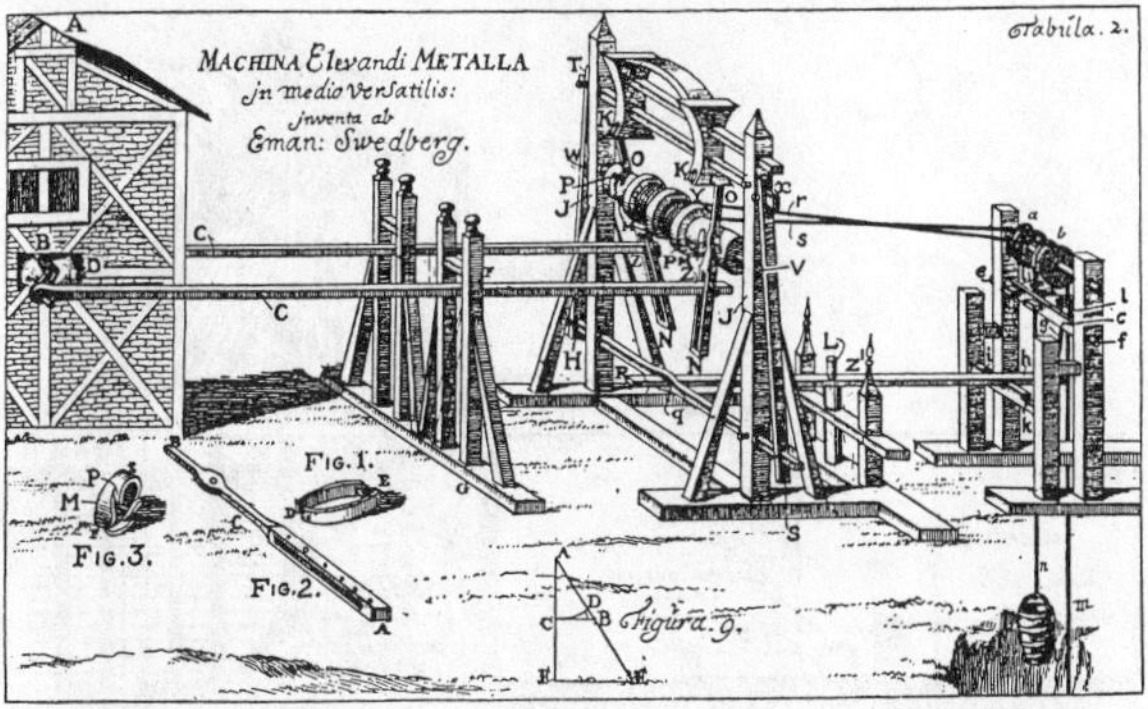

e 鉱石巻き上げ機

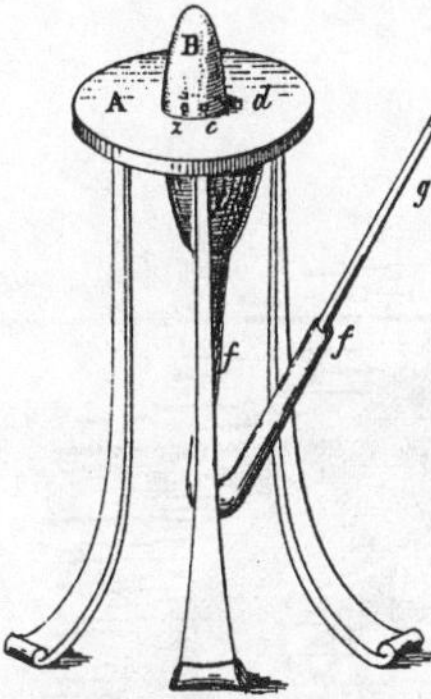

i 空気圧縮機

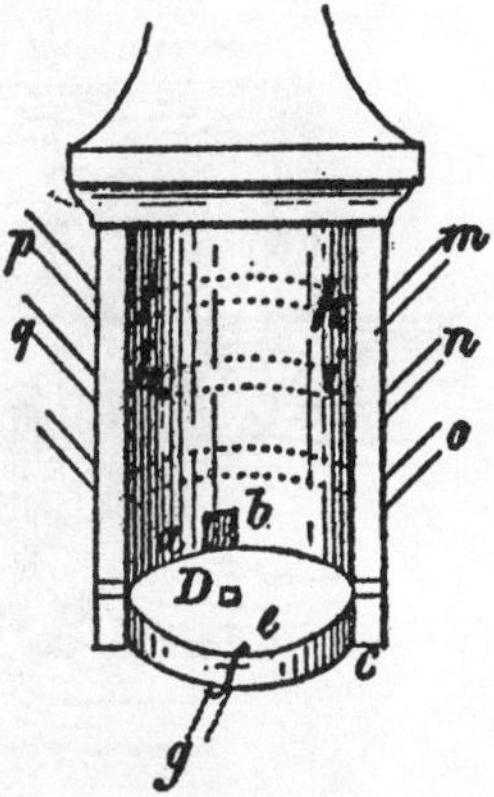

h ストーブ

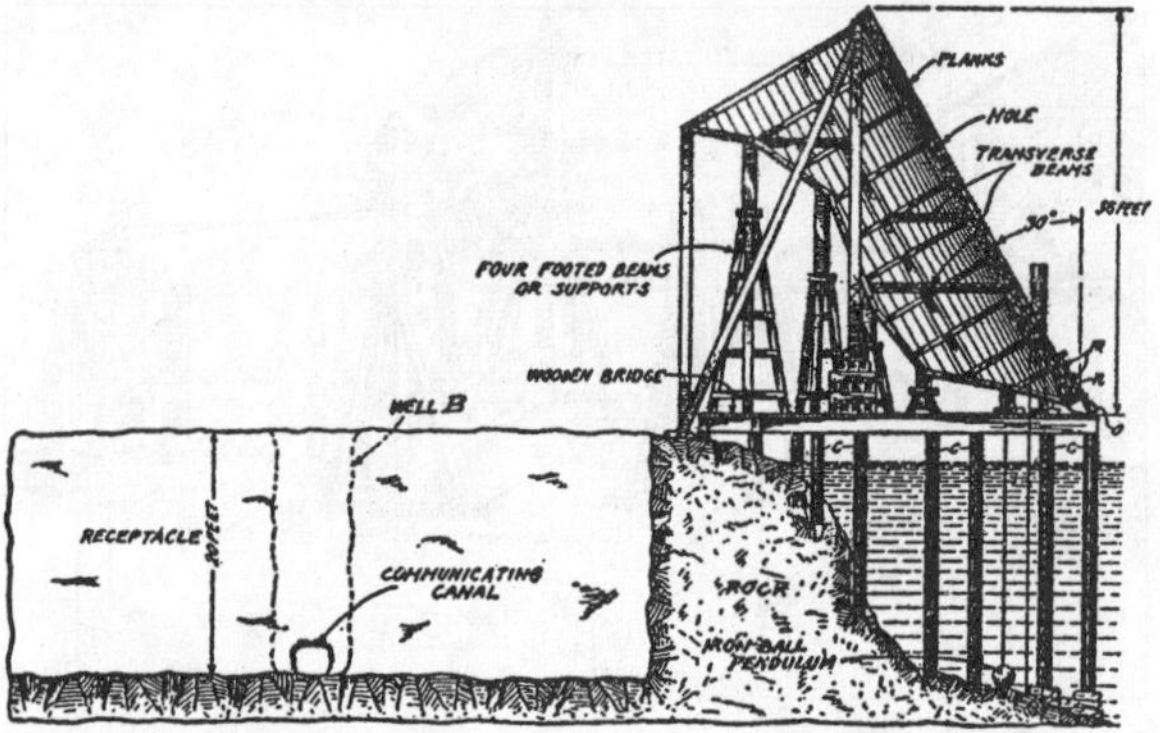
PLANKS
HOLE
TRANSVERSE BEAMS
30°
55 FEET
FOUR FOOTED BEAMS OR SUPPORTS
WOODEN BRIDGE
WELL B
RECEPTACLE
30 FEET
COMMUNICATING CANAL
ROCK
IRON BALL PENDULUM

f ドック

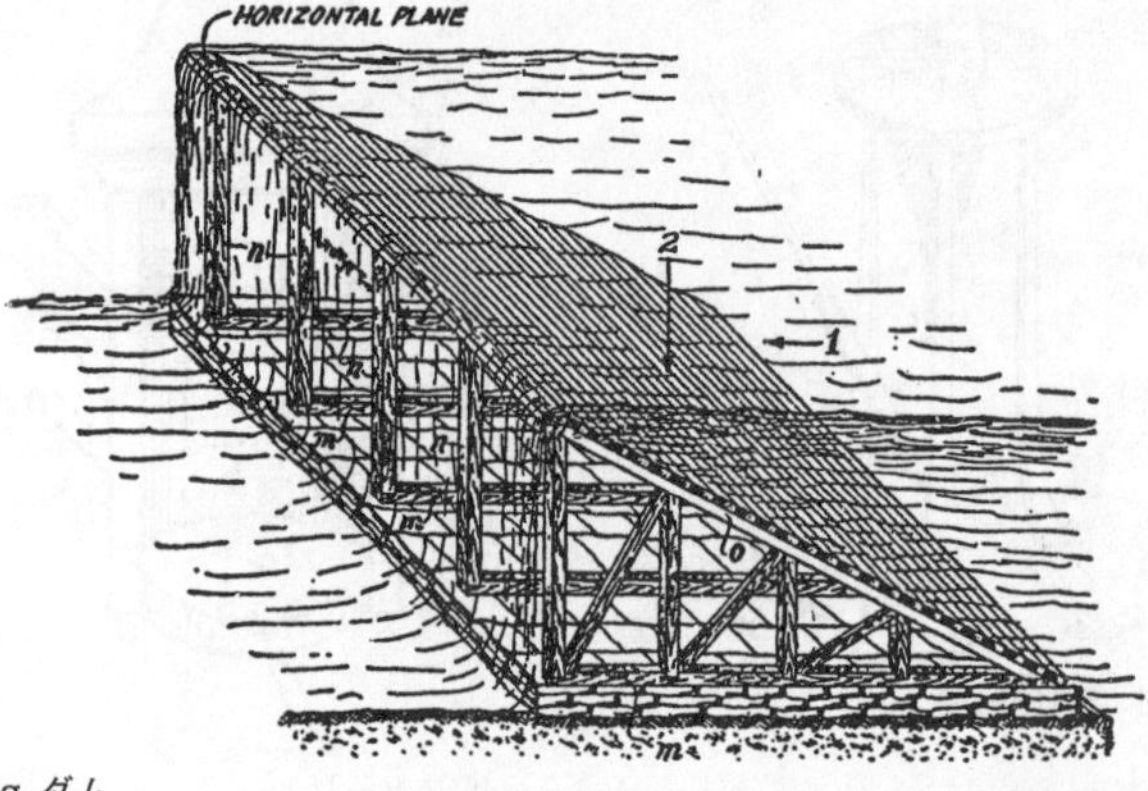
HORIZONTAL PLANE
2
1
n
m
o

g ダム

を動力源とする鉱石巻き上げ機である。鉱山労働者たちが梯子《はしご》を使って行なっていた鉱石の運搬が、この機械によって著しくはかどるようになった。

また、図fはドック建設の設計図、図gはダム建設の設計図である。これらはゲンツリンガーがスウェーデンボルグの記述どおりに描いたものである。これらの他に、燃焼効率の格段に良いストーブ（図h）、水銀利用の空気圧縮機（図i）などがある（二九ページ）。

これら、スウェーデンボルグの機械工学の水準は、当時としては最先端に属するものであった。彼は祖国の科学技術の遅れを憂え、ウプサラ大学の工学部設立を幾度も訴えたが、それは実現しなかった。

さて、前述のようなスウェーデンボルグの発明品は、彼の機械工学への深い愛着と勤勉な研究との結晶である。彼は遊学中、さまざまな熟練工のもとに下宿して、その技術をじかに学んだ。これは、知識を知識のために学ぶのではなく、常に知識を実際に役立てようとする、彼が生涯にわたってとり続けた姿勢であった。後年、神学者に転身してからも、この姿勢は貫かれ、彼の神学のキーワードの一つ、「役立ち」（有用性）の概念を生み出している。

2　王国の鉱山技師として

「北方の狂人」カルル一二世

その軍事的天才と類稀《たぐいまれ》な頑迷さとのために、カルル一二世は「北方の狂人」と評された。この典型的なスパルタ風の軍人王の短い生涯は劇的なものであり、そのカルルとスウェーデンボルグの出会いは私たちの興味をそそる。

彼らは北欧神話の「神々の黄昏」を思わせる、スウェーデン・バルト帝国崩壊の舞台に登場した。アルゼンチンの世界的小説家J・L・ボルヘスは、カルルとスウェーデンボルグについて、こう述べている。

ヴォルテールは、カルル十二世が史上もっとも非凡な人物であるとのべている。だが、史上もっとも非凡な人物という最上級の表現を用いるとすれば、やはりカルル十二世の家臣のなかでもとりわけ神秘的な人物として知られるエマヌエル・スウェデンボルグの名を挙げなくてはならないだろう。

（『ボルヘス、オラル』木村榮一訳、水声社、一九八七年）

さて、トルコ軟禁中、カルルはトルコにロシアを攻めるよう挑発したが、それが不可能と悟ると、一七一四年の晩秋、従者を二人だけ連れてトルコを脱出した。ヨーロッパを横断する騎馬による決死の逃避行は、二〇〇〇キロ、二〇日に及んだ。昼夜走り続けて、カルルはバルト海対岸のスウェーデンの都市、シュトラールズントに着いた。

同じ頃、遊学から帰国の途に就いたスウェーデンボルグは、シュトラールズント近傍のドイツの都市ロストックに滞在していた。パリで六週間も病臥《びょうが》していたこともあって、彼はこのロストックで休養をとり、ラテン語の詩作に没頭した。

軍人王カルル12世

この時期に書かれた詩は長く世に知られなかったが、一九一九年にウプサラ大学が『エマヌエル・スウェーデンボルグ詩集』(*Emanuelis Swedenborgii Opera Poetica*) と題して出版している。八八ページより成るこの詩集には、カルルへの讃歌も含まれている。

「北方のミューズ」と題された寓意的な詩には、「いにしえのゴート族の国の不死鳥、北方の王者」カルル一二世に導かれるスウェーデンの未来の予言が描かれている。また別な詩は、カルルの祖国への帰還の切望、彼の帰郷における苦闘と人々の歓喜をこう謳《うた》い上げている。「人々は疲れ果てたり。されど汝《なんじ》が帰還を聞くや、彼らは再度息づき新生を得《う》べし」「地はその花々を再び咲かしめ、歓喜また大地に流れ出《い》づべし」と。しかしスウェーデンボルグは、スウェーデンに戻るまでカルルに会うことはなかった。

カルルはシュトラールズントを敵国デンマークとドイツから防衛する準備を始めたが、すぐにその地は包囲された。スウェーデンボルグは幸運にも、ある軍事参謀の妻と一緒に海峡を渡る許可を得て、一七一五年、父のいるスカーラの家に戻った。

カルルは、戦況が絶望的になったため、南スウェーデンへ脱出した。やがて彼はルンドに仮の宮廷を設営して、スウェーデンに荒廃をもたらす、生涯最後の三年を国内で過ごすことになる。

カルルへの出仕

スウェーデンに帰国するとすぐ、スウェーデンボルグは、大発明家として知られていたクリストファー・ポルヘム（Christopher Polhem）（一六六一―一七五一年）の助手となり、彼の仕事に加わった。

帰国後のスウェーデンボルグの最初の仕事は、一般向けの科学雑誌の執筆・編集・出版であった。それは、ギリシア神話の名工ダイダロスにちなみ『ダエダルス・ヒュッペルボレウス』(*Daedalus Hyperboreus*) と名づけられた。「北方の発明家」という意味である。ポルヘムの発明品の解説やスウェーデンボルグ自身の発明品の図解などが掲載された、美しい装丁のこの雑誌は、スウェーデン初の科学誌となった。

この雑誌の何号かを携えて、ポルヘムはスウェーデンボルグを連れ、ルンドの宮廷にカルル一二世を訪ねた。カルルは三四歳、スウェーデンボルグは二八歳であった。カルルは数学や工学に深い関心を示し、スウェーデンボルグとそれらについて語り合ったという。

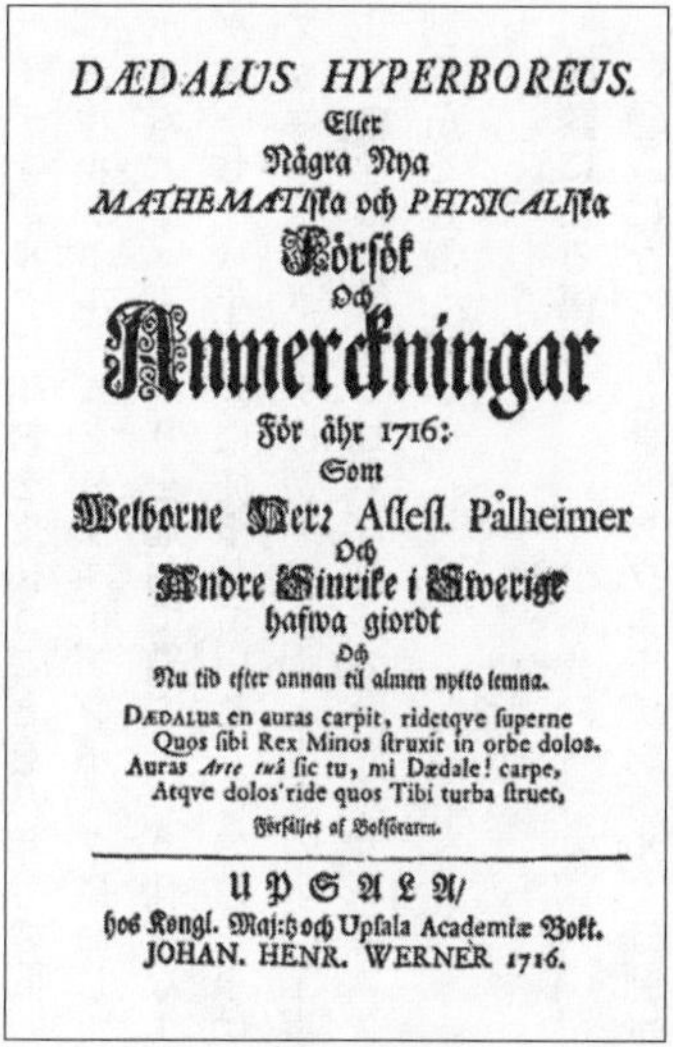
DÆDALUS HYPERBOREUS.
Eller
Några Nya
MATHEMATISKA och PHYSICALISKA
Försök
och
Anmerckningar
För åhr 1716:
Som
Welborne Herr Assess. Pålheimer
Och
Andre Sinrike i Swerige
hafwa giordt
Och
Nu tid efter annan til almen nytto lemna.
DÆDALUS en auras carpit, ridetqve superne
Quos sibi Rex Minos struxit in orbe dolos.
Auras *Arte tuâ* sic tu, mi Dædale! carpe,
Atqve dolos ride quos Tibi turba struet.
UPSALA/
hos Kongl. Maj:ts och Upsala Academiæ Bokt.
JOHAN. HENR. WERNER 1716.

『ダエダルス・ヒュッペルボレウス』の扉

このとき以来、スウェーデンボルグはカルルの信頼を得、ポルヘムの薦《すす》めでカルルはスウェーデンボルグを王立鉱山局の「臨時監督官」に任命した。この任命は四人の正規の監督官の定員枠を超えたもので、空席が生じたときに正式の地位を与えられることを意味した。そうした変則的な任命に立腹した正規のメンバーたちは、スウエーデンボルグに給料を支払うことを八年もの間、拒んだという。

カルルがポルヘムとスウェーデンボルグに命じた仕事に、運河の建造があった。ストックホルムとイェーテボリを運河で結ぶという壮大な工学的プロジェクトに、スウェーデンボルグは一七一八年の夏に従事している。この難工事は一九世紀になってようやく完成したが、スウェーデンボルグは初期の企画と実際の水門工事にその異才を発揮したに違いない。

この他にも彼は、ヨーロッパで最大のカルルスクローナのドックや、スウェーデン最初の製塩所を建設している。

破談による傷心

三〇歳になったとき、スウェーデンボルグは師ポルヘムから、その二〇歳になる長女マリアとの結婚を提案された。だが、スウェーデンボルグが好いていたのは彼女ではなく、妹のエメレンティアのほうであった。しかし、主君であるカルルもマリアとの結婚に賛成したので、スウェーデンボルグは苦しんだ。

そんな彼の気持ちを察したのか、結局マリアは他の男性と結婚したため、スウェーデンボルグはポルヘムの許しを得て、エメレンティアと婚約の文書を取り交わした。彼女はまだ一五歳だったが、彼は彼女の成長を楽しみにしていた。

しかし不幸なことに、やがて彼女は自分の倍も年齢差のある婚約者に怯《おび》えるようになってしまった。その悩みを知った兄のガブリエルは、スウェーデンボルグから婚約文書をひそかに奪ったのである。スウェーデンボルグのショックは大きかった。ポルヘムは父の権威を盾に、文書を彼に返すようガブリエルを説得した。しかしエメレンティアの動揺を不憫に思ったスウェーデンボルグは、自らポルヘム家との交際を断ったのである。ただし、ポルヘムとの仕事上の関係が崩れることはなかった。

それ以来、彼はもう二度と女性に思いを寄せまいと決意したのか、何度か結婚相手を世話されることがあっても受け入れることなく、生涯を独身で過ごした。

軍人王の死

この小事件のあった頃、スウェーデンボルグは義兄ベンセリウス宛の手紙で、カルルとの親交について記している。

毎日私は陛下に数学の主題をお話ししましたが、陛下はそれをたいへん喜んでくださいました。月蝕が起こったとき〔一七一八年八月二九日午後九時〕、私は陛下を外にお連れして、月蝕について多くのことをお話ししました。陛下は私が『ダエダルス・ヒュッペルボレウス』を続刊しなかったことにご不満をお持ちでした。

私が資金不足が理由であることを弁明すると、陛下はご不快そうでした。しかし、まも

なく陛下から援助があるものと私は期待しております。（一七一八年九月一四日）

スウェーデンボルグのこうした期待は空しかった。国家財政はすでに破綻し、しかももっと悪いことに、カルルは五万の新軍を編制して新たな戦争を始めたのである。平和を求める国民の願いに背を向け、カルルはデンマークからノルウェーを奪い取るべく、クリスチャニア（現在のオスロ）へ向かった。

一七一八年秋、カルルの命を受けたポルヘムは、新たな仕事にスウェーデンボルグを駆り出した。

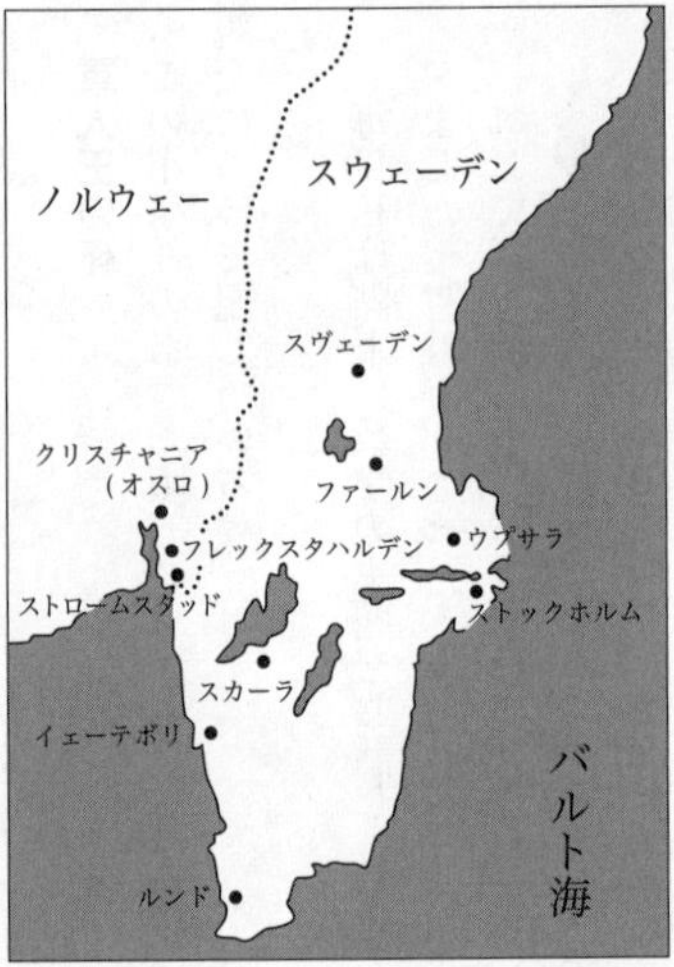

カルルの海軍はノルウェーの海軍を破るために、ノルウェーの要塞へ軍船を派遣しなければならなかった。しかし海上は英国海軍によって封鎖されていたため、海路を進むことはできなかった。そこでスウェーデンボルグの監督下に、ストロームスタッドからイッデフィヨルド内のノルウェーの海域に向けて、大小八隻の軍船の陸上輸送が決行された。ころやそり

や流水を利用し、山を越え谷を渡る一五マイルに及ぶ奇抜な輸送作戦は成功し、カルルの海軍はイッデフィヨルドに面した都市、フレックスタハルデンを完全に包囲することができたのである。

カルルが祖国へ帰還して四年を経た一七一八年一一月三〇日、フレックスタハルデンの戦況視察に出たカルルの頭部を、一発の銃弾が貫いた。その銃弾が敵と味方のどちらの側から発射されたのか、いまだに謎とされている。カルルの銃殺は大国スウェーデンの終焉を告げたのである。時にカルル一二世、三六歳。独身であった。

貴族院議員としての政治的活動

カルルの跡を継いだのは、その妹ウルリーカ・エレオノーラ女王（在位一七一八―二〇年）であった。国会はそれまでのような絶対権力を彼女に許さなかったため、これ以後スウェーデンは、いわゆる「自由の時代」に入ることになった。

カルルと親しかったスウェーデンボルグは一時的には不利な立場に陥ったものの、まもなく彼にも転機が訪れた。エレオノーラ女王は一七一九年にスウェーデンの主教たちの家族を貴族に叙し、スウェーデンボルグはその家族の長子として貴族院に終身議席を得たのである。

本書ではここまで彼をスウェーデンボルグと呼んできたが、貴族になる以前は、正式にはスヴェードベリ（Svedberg）であった。貴族になったときに初めてスウェーデンボルグ（Swedenborg）と改名したのである。なお、スウェーデン語の原音に近い表記は「スヴェイデンボーリ」だが、本書では日本で広範に使われるスウェーデンボルグで通すことにする。

スウェーデンの国会は当時、四つの議院から成り立っていた。貴族院もその一つであり、スウェーデンボルグは国外旅行の間を除いて終生、その議会に出席している。彼はまた、国会に多くの法案や議案を提出した。これらは公文書として現在も保存されている。扱われた主題は、通貨改革、貿易収支、貴金属と卑金属の採掘順位、鉄の生産の奨励、圧延工場の設立、度量衡としての十進法の採用、水上交通の統制、飲酒制限、ロシアへの宣戦布告に対する反対など、じつに多岐にわたっている。

カルル一二世の専制政治と、一七七二年八月の貴族政治打倒によるグスタフ三世（在位一七七一―九二年）の絶対君主制とのあいだに、スウェーデンの「自由の時代」が五四年続いたが、スウェーデンボルグの貴族院での仕事は、厳密にこの期間に重なっている。彼は死の直前の一七七一年（八三歳）においてなお、スウェーデンの通貨と財政についての論文を出版し、健全で合理的な経済政策の実施を訴えている。そして、これが貴族院への彼の最後の奉仕となったのである。

鉱山技師としての活躍

国会議員としての仕事のほか、スウェーデンボルグは鉱山局に三〇年以上も勤務した。鉱山局の正規の監督官に就任し、正当な給与が支払われるようになったのは、一七二四年、三六歳のときであった。彼には母や継母の遺産があり、いくつかの鉱山会社の株式を所有してもいたので、ぜいたくをしないかぎり経済的に自立できたのである。

正規の監督官になる直前、ウプサラ大学は天文学と高等数学の教授職に彼の招聘《しょうへい》を考えていた。天文学の教授だったニルス・セルシウスが死去したためだが、彼はこの招聘を固辞している。結局このポストには後年、摂氏温度目盛で知られる、ニルスの息子アンデルス・セルシウスが就くことになった。ベンセリウス宛の手紙に、スウェーデンボルグは固辞の理由をこう書き送っている。

私自身の専門は幾何学、冶金《やきん》学、化学ですが、これらの学問と天文学との間には大きな隔たりがあります。自分が大いに貢献しうると考えている職業を放棄することは、私にはできません。（一七二四年五月二六日）

鉱山局の管理職といっても、会議に出席したり、鉱山所有者間の争議を調停したり、鉱山業者に課税したりすることだけが彼の仕事だったわけではない。彼は何よりも鉱山技師としての自覚を持って、実験室で金属を分析したり、各地の採鉱場を視察したりして実務にたずさわったのである。そればかりではなく、自国よりも進んだ他国の鉱山技術を導入するために、彼は幾度も長期にわたる外国旅行をしている。スウェーデンの基幹産業であった鉱山業の振興に尽力することこそ、祖国への最大の奉仕だと彼は信じていたのである。

公僕として忠実に職責を果たすと同時に、スウェーデンボルグは科学のさまざまな分野を扱う大量の著作や論文を書いた。一七二〇年から三年間、採掘法や製錬法を研究するために彼はドイツのほぼすべての鉱山を視察している。この第二次外国旅行中に彼は、『自然事象の諸原理に関する先駆《プロドロムス》』(*Prodromus Principiorum Rerum Naturalium*)と『自然のさまざまな観察』(*Miscellanea Observata circa res Naturales*)の二著作のほか、いくつかの論文をアムステルダムとライプツィヒで出版している。

前者は、水、塩、油、鉛などの微粒子の基本的な構造を幾何学的特性によって解明したもので、化学に幾何学を体系的に応用する史上初めての試みと評されている。後者は、スウェーデンの山々の地質学的形態、化石層、岩層などの詳細な調査記録を含み、地質学の先駆的著作として注目されている。

3　『原理論《プリンキピア》』の原子論と宇宙哲学

『哲学・冶金学論文集』の出版

スウェーデンボルグは正規の鉱山局監督官になってからは、四五歳までずっとストックホルムで仕事をした。この間、鉱山業関係の多くの著述以外にも、数学、宇宙論、解剖学などの著述を続けた。これらは、第三次外国旅行中の一七三四年にライプツィヒで出版した『哲学・冶金学論文集』(*Opera Philosophica et Mineralia*)に結実した。全三巻、一〇〇〇ページに近いこの大作は、科学者スウェーデンボルグの名を広くヨーロッパに知らしめた記念碑的著作である。

著作の構成は、第一巻が『自然事象の第一原理——根源的世界を哲学的に解明する新たな試み』、第二巻が『鉄と鋼鉄について』、第三巻が『銅と真鍮《しんちゅう》について』となっている。

順序は飛ぶが、第二・三巻には、科学を実用化して祖国の基幹産業たる鉱山業の振興に役立てようという、彼のたゆまぬ熱意が如実に表われている。実際、この二つの巻は早くからフランス（一七三七年）やスウェーデン（一七五三年）で翻訳版が出て、採鉱や製錬に関する基準書になったのである。

一般に『原理論《プリンキピア》』と略称される第一巻は、自然界の極微《ミクロ》と極大《マクロ》の世界を扱う、つまり原子論から宇宙論までを扱う哲学的論述で、次の三部から構成されている。

第一部　真の哲学の方法論、無限なるものから発出する有限なもの、太陽や星の渦動、磁気。

第二部　磁力の原因とその機序。

第三部　自然界の多様性、混沌《カオス》、太陽系の起源、惑星の軌道、エーテル、空気、火、水。

当時の科学者の多くは、教会の権威に抵抗はしても、個人的には敬虔《けいけん》なキリスト教信者であった。スウェーデンボルグもまた、この時期にはまだ神学にはほとんど関心は持たなかったとはいえ、神の存在を疑ったことはもちろんなかった。

神への彼の敬虔な信仰は、『原理論』の最初の章「真の哲学へ至る方法」の中に表明されている。それは、ソクラテス的な「無知の知」の自覚にも似た、次のような言明である。

無限なる存在者への畏怖は、哲学から決して切り離せるものではない。神的で無限なる存在者についての知識は、人間の知恵が教えるものではないからである。自分を賢明だと妄想して、至高者についての知識や至高者への畏怖なしにどんな知恵でも所有できると考える者は、実際は一かけらの知恵も持たないのだ。

（A. Clissold 英訳『原理論』全二巻、一八四五―四六年より）

「原初の自然点」――革新的な原子論

では、『原理論』の内容に立ち入って、まず彼独自の原子論を考察しよう。

古来の原子論者に倣《なら》ってスウェーデンボルグは物質の根源を微小な粒子と考え、この微粒子から成るさまざまな物質の構造の幾何学的分析をすでに試みていた。しかし彼の説く微粒子は、デモクリトスの言う原子のように、固定化した分割不能の、物質の最小単位ではない。物質の分割は、位置だけがあって大きさのない数学的な一個の点に至るまで可能であり、こうした無数の点の集合から物質は成り立つ。この点を彼は「原初の自然点」と呼んだ。

「原初の自然点」は、それ自身、非空間的なものだが、その内部に「純粋で完全な」非物質的な「運動」または「力」を有し、じつはこの「運動」や「力」こそ物質の究極的な起源なのだ。彼は、この力の点が十分な速さで運動するなら、その運動は一定の連続した抵抗として感じられ、何か固いものという感覚を引き起こし、私たちが物質と呼ぶものを産出するだろうと考えた。

数学的な点という概念が抽象的であり、それをいきなり物質的な特性に適用する矛盾や、力学的な運動は物理学の範囲内で語られるべきことを、むろん彼は熟知していた。そのうえであえて彼は、力学的な運動とは別な、これに先行する運動や力の型を取り上げ、現実的な運動から潜在的な運動を区別しようと試みたのである。

「力は事物に先立ち、事物は力の示現である」。

ほかの科学者たちの主張のように、物質は外部からの力によって突き動かされる原初的な粒子から成り立つのではなく、物質の始原は力や運動そのものである。これが彼の確信であった。

「原初の自然点」はその「純粋で完全な」運動によって、「第一有限体」と彼が呼ぶ、渦巻《うずまき》状の運動形態を産出する。同様にして順次、それ自体が内在的な運動である「第二」「第三」……「第六」の有限体が形成され、ついに私たちが目にする土や石や水など、あらゆる物質が形成されるのである。この「第一有限体」に内在する高度に複雑な運動は、原子内エネルギーの座と見なされよう。エネルギーは外部から付加されるものではなく、本来、物質に内在するものであるという。後世の科学が確立した原子内エネルギーの概念は、スウェーデンボルグの理論の本質的な一部なのである。

「原初の自然点」はまた、「無限なるもの」と物質的世界との結び目である。そのため、それ自身の内部に無限のエネルギー（彼自身の用語ではコナトゥス（＝原動力））を含んでいる。「無限なるもの」から発出するエネルギーは、新プラトン主義的な「流出《エマナチオ》」の理論に従って、実在の階層的なレベルを漸次的に下降する。下降するにつれて束縛や限定によってエネルギーは低減し、徐々に有限化されてゆく。そして最後に、私たちが固い物質と呼ぶものを形成するのである。

スウェーデンボルグは観察によってこうした考えを導き出したのではない。科学的な想像

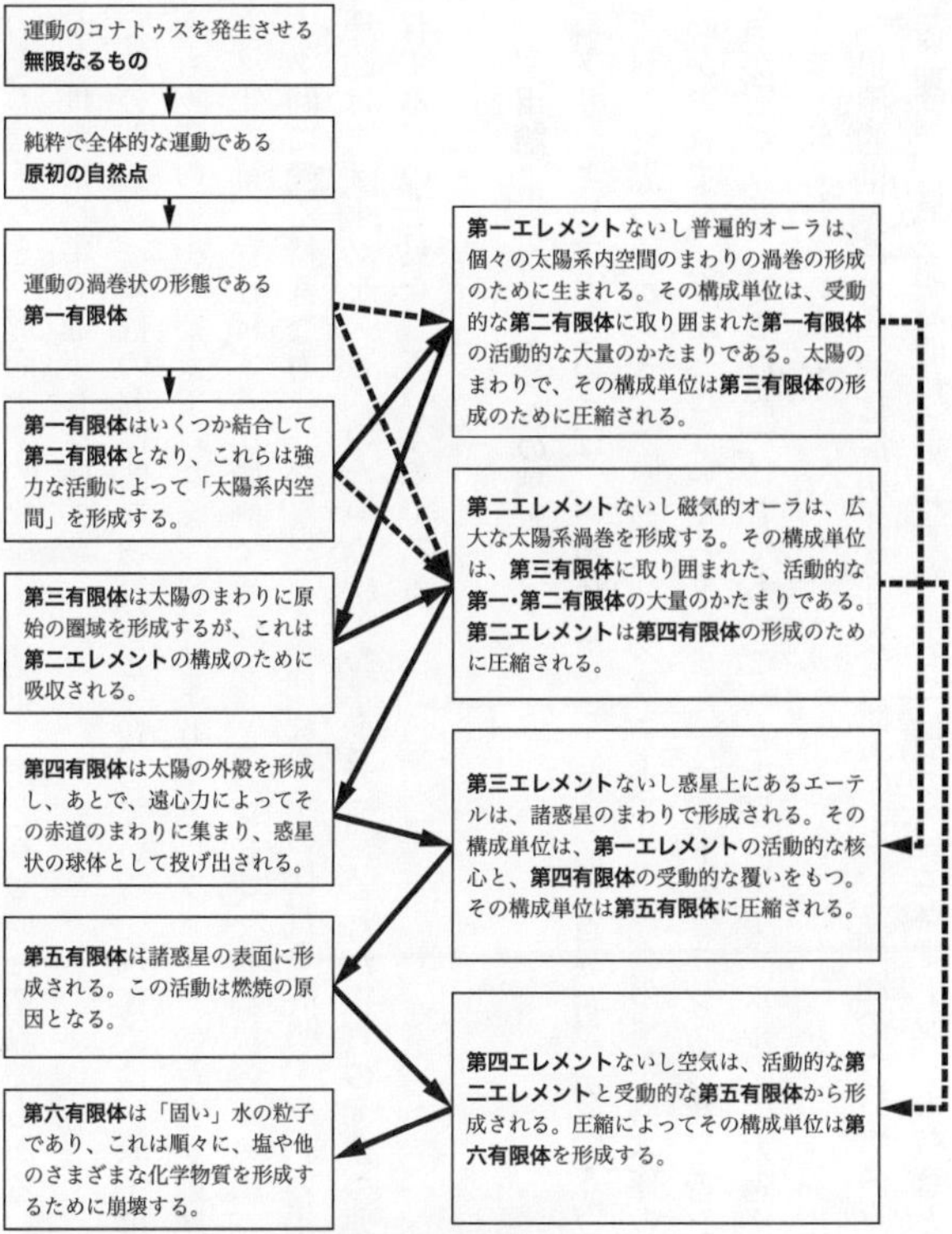
運動のコナトゥスを発生させる無限なるもの
純粋で全体的な運動である原初の自然点
運動の渦巻状の形態である第一有限体
第一有限体はいくつか結合して第二有限体となり、これらは強力な活動によって「太陽系内空間」を形成する。

第三有限体は太陽のまわりに原始の圏域を形成するが、これは第二エレメントの構成のために吸収される。

第四有限体は太陽の外殻を形成し、あとで、遠心力によってその赤道のまわりに集まり、惑星状の球体として投げ出される。

第五有限体は諸惑星の表面に形成される。この活動は燃焼の原因となる。

第六有限体は「固い」水の粒子であり、これは順々に、塩や他のさまざまな化学物質を形成するために崩壊する。

第一エレメントないし普遍的オーラは、個々の太陽系内空間のまわりの渦巻の形成のために生まれる。その構成単位は、受動的な第二有限体に取り囲まれた第一有限体の活動的な大量のかたまりである。太陽のまわりで、その構成単位は第三有限体の形成のために圧縮される。

第二エレメントないし磁気的オーラは、広大な太陽系渦巻を形成する。その構成単位は、第三有限体に取り囲まれた、活動的な第一・第二有限体の大量のかたまりである。第二エレメントは第四有限体の形成のために圧縮される。

第三エレメントないし惑星上にあるエーテルは、諸惑星のまわりで形成される。その構成単位は、第一エレメントの活動的な核心と、第四有限体の受動的な覆いをもつ。その構成単位は第五有限体に圧縮される。

第四エレメントないし空気は、活動的な第二エレメントと受動的な第五有限体から形成される。圧縮によってその構成単位は第六有限体を形成する。

『原理論』に見られる太陽系生成理論の概要
(C. O. Sigstedt, *The Swedenborg Epic* より)

力とも言うべき、形而上学的な思索の結果、たどりついた結論でもある。こうした形而上学がなければ科学も進歩しない。

彼の理論は、現代の究極的な物質像と一致している。現在では、原子はむろん素粒子でさえも物質の最小の要素ではなく、素粒子より小さいクォークの存在が確認されている。このクォークは、存在はするが観測できない。このジレンマの解決のために、今日の理論はクォーク間に働く特殊な力（「強い力」と呼ばれる）の性質を解明する。いずれにせよ、現代の理論はクォークを大きさのない点状の粒子と考え、これが物質の究極の要素としての資格を有するものと見なしているのである。

宇宙論――ニュートンへの挑戦

『プリンキピア』といえば、一般にはニュートンの『自然哲学の数学的原理《プリンキピア》』（一六八七年刊）を思い浮かべる。『原理《プリンキピア》』がスウェーデンボルグの科学的大作の第一巻の略称だと聞かされても、ぴんとこないだろう。また、カントとフランスの数学者P－S・ラプラスの名が冠された「星雲仮説」にしても、これとスウェーデンボルグの太陽系生成論との関係はあまり知られていない。

「根源的世界を哲学的に解明する新たな試み」という副題のついたスウェーデンボルグの『原理論』は、恣意的につけられた書名ではなく、ニュートンへの賛意と留保が意識されたものである。

ニュートンが『プリンキピア』で万有引力を説いたとき、「力とは何か」をめぐってデカルト学派との間に大論争が起こった。力の伝達に関して、接触した物体間に働く力は分かりやすいが、惑星間のように非常に隔たった物体間に働く力は謎めいていて、理解しにくい。デカルトは、力は空間内を時間をかけて伝達されるという「近接作用論」を主張し、「宇宙は微粒子で満ちており、その渦巻運動（渦動）によって重力が伝播する」と考えた。

ニュートンは、デカルトの科学や哲学を丹念に学び『プリンキピア』を書いたのだが、デカルトの宇宙生成論を、神に対する不遜な企てとして特別に嫌っていた。「仮説をつくらない」ニュートンにとって、現に重力が存在し、その法則を数学的に定式化できれば、それで十分であり、重力が何かとか、それがどのように伝達されるかなどは問題外であった。

このようなニュートンの考え方、つまり数学的には正しくとも、重力の成因の究明を放棄するという哲学的な不徹底を、デカルト学派の人々は激しく批判したのである。『プリンキピア』の成果に懐疑的だったのは彼らだけではなく、ライプニッツやオランダの数学者であり物理学者、天文学者でもあるC・ホイヘンスなども同様であった。

スウェーデンボルグは、デカルトやニュートンはむろんのこと、他の天文学や宇宙論の成果も採り入れて、独自の宇宙論を精密に練り上げた。彼は特に磁力の徹底した研究によって「磁化された空間媒質」の概念を打ち立て、これにデカルトの「渦動」を結びつける理論を

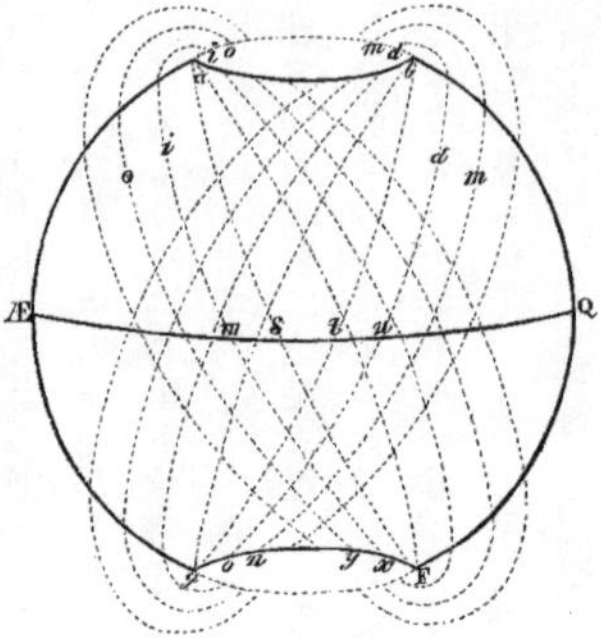

この図には、球状の粒子が、それよりも小さい微粒子の有する超高速の螺旋運動によって創出される様子が示されている。小さい微粒子の運動の総和が、球状の粒子と成る。

極小の粒子の外観

展開した。つまり、ニュートンが等閑に付した、重力の伝達の問題や宇宙の生成の問題に、「哲学的」に挑戦したのである。

スウェーデンボルグの宇宙論の射程は、原子の最小成分というミクロの自然から、超銀河群というマクロの自然にまで及び、彼はこの自然現象のすべてを統一的に説明する体系の構築のためには、磁気を帯びた渦の膨張というデカルト的な概念のほうが、重力理論よりももっと有効だと考えた。なぜなら彼には、ニュートンの重力理論はマクロの世界には適用できても原子の世界には適用できないと思われたからである。

カント－ラプラスの星雲仮説を先取り

ほかの宇宙論者と同様、スウェーデンボルグは極小のレベル「原初の自然点」からスタートして、事物の形態と過程の階層構造を描き出しながら順次、広大な宇宙の生成と構造を究明していった。

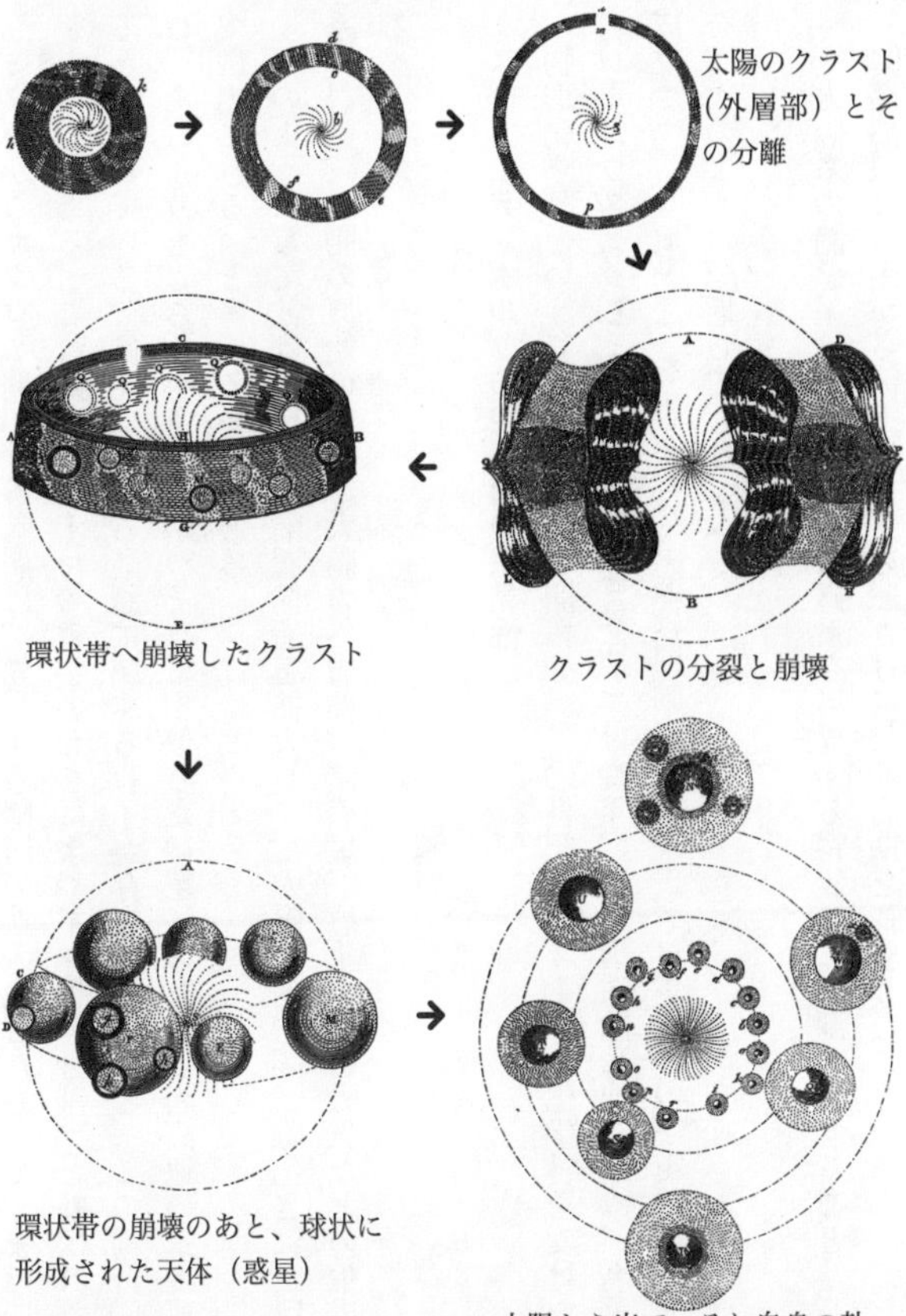
太陽から出て、それ自身の軌道へと向かう天体

スウェーデンボルグ自身が描いた太陽系生成理論の概念図
（英訳『原理論』より）

ミクロからマクロへ向かう各階層は、先行する階層の拡大化したもので、またこれに相似したものである。これは古代ローマの哲学者たちによって「相似分割」と呼ばれた理論であると言われている。例えば、ある階層に属する粒子が存在するとする。この場合、この粒子は、それよりもさらに小さく、かつそれに相似した微粒子の有する超高速の螺旋《らせん》運動によって創出される、と考えるわけである。

このようにして彼は、自然の階層構造を拡大して、太陽系内空間、磁化された巨大な太陽系の渦動、太陽の原始の圏域、太陽の外層部《クラスト》、諸惑星、惑星表面の大気などの生成を説明する。

スウェーデンボルグの宇宙論の先見性

「物理化学」という科学の新領域を開拓し、二〇世紀初頭ノーベル化学賞を受けたS・A・アレーニウス（Svante August Arrhenius）は晩年、宇宙構造論に取り組み、名著『宇宙の成立』（一九〇七年）を出版した。彼は同国人スウェーデンボルグの宇宙論上の先取的発見を、次のように総括している。

㈠太陽系の諸惑星は太陽物質（太陽系を形成する物質）に起源を有すること
㈡諸惑星は太陽から徐々に自らを遠ざけて公転周期を長くしたこと

㈢地球の自転周期、つまり一日の長さは徐々に長くなったこと
㈣恒星は天の川の周囲に配列されていること
㈤銀河系をその内にいくつも含むような、銀河系よりも巨大な系（銀河群、超銀河群）が存在すること

以上に概観したように、スウェーデンボルグの『原理論』の構想は、じつに壮大なものであった。それは無限なるものから、物質の始原たる「原初の自然点」に至り、そこから物質、太陽系、銀河系へと広がってゆく。十分な観測器械や観測データのなかった時代に、彼が多くの現代的発見を先取りすることができたのは、事物の全体を見渡す洞察力の深さゆえであろう。

スウェーデンボルグは、青年のときに憧《あこが》れたニュートンの偉大な成果を尊重した。しかし彼の『原理論』のサブタイトル「根源的世界を哲学的に解明する新たな試み」からも明白なように、彼はニュートンが等閑に付した問題を独自の哲学的思索によって解決しようとしたのである。私たちはここに、権威との妥協を拒む真の科学的精神を読みとることができよう。

第二章　霊へのめざめ

1　解剖学と霊魂探究

「霊魂《アニマ》」を求めて

自分の仕事に関わる鉱物界の包括的な研究成果を公表したあと、スウェーデンボルグは研究目標を生物界、すなわち植物、動物、そして人体の有機的組織へと転じた。『哲学・冶金学論文集』の出版（一七三四年）の翌年、父イェスペルが八二年の生涯を閉じた。父の死を迎えたのは外国旅行の間の短い国内滞在中の出来事であり、彼は一七三六年に第四次外国旅行に出た。解剖学・生理学の徹底的な研究とその分野の著述に専念するため、この旅は足かけ五年に及んだ。この間、彼は鉱山局に申し出て、自分の給与の半額を、自分の職務を代行する者のために返上している。

彼はパリへ行き、当時新設されたばかりの医科大学の解剖学院のすぐそばに宿を取り、解剖の現場に足繁く通った。またイタリアに行き、解剖学のメッカ、パドゥア大学の「解剖階段講堂《テアトルム・アナトミク》」も訪れている。

彼の探究目標は人体の組織と機能だったが、人体そのものが最終的な目標ではなかった。人体を玉座から治めるように統御する「霊魂《アニマ》」の所在と働きを突きとめることをこそ、彼は熱望していた。

「霊魂」といえば、一般にきわめて漠然とした神秘的な概念であるが、スウェーデンボルグが探究した「霊魂《アニマ》」も必ずしも明確なものではない。実際、当時広く行き渡っていた考えは、霊魂の存在は聖書が教えているので、それを信ずるべきであって、科学がその存在を検証するなど無謀だというものだった。

周知のように、デカルトは「精神」（霊魂とも訳される）を思考実体と規定し、延長実体である「物体」（物質）から分離した。人体は精密な自動機械として物体と見なされ、人体も精神から切り離された。アリストテレスは霊魂を、肉体の形成・成長・維持の働きをする生命原理と考えただけでなく、知性や理性という精神の働きの原理とも考え、後者を理性的霊魂と呼んだ。その考え方から言えば、デカルトの言う「精神」とは、肉体の生命原理としての霊魂ではなく、意識的な理性的霊魂ということになる。

スウェーデンボルグの求めた霊魂は、最初はアリストテレス的な意味合いの霊魂だったが、デカルト以降の近代哲学が提起した心身二元論の難問も無視できず、これに対して哲学的な独自の解決をめざした。彼は、知性や愛といった真に精神的で霊的な事柄が自然の機械論的な説明を超え出ることを知っていた。

しかし彼の「霊魂」探究は、こうした哲学的思弁よりも、まず、人体の生命原理として物質的基礎を持つ霊魂に向かった。それは、霊魂の実在性や不死性を立証するには霊魂が物質的な基礎を有することを示すのが先決と信じたからである。それゆえ彼の探究は、彼が「レグヌム・アニマーレ」(regnum animale) すなわち「霊魂の王国」と呼んだ人体の解剖学・生理学へと向かったのである。

後年、遺稿として出版された『合理的心理学』(*Psychologia Rationalis*, 1887) の緒言に、私たちは彼の霊魂探究への情熱を垣間見ることができる。

私は可能なあらゆる熱意をもって、霊魂とは何か、肉体とは何か、そしてそれらの間の交互作用とは何か、さらにまた、肉体の中にあるときの霊魂の状態はどうであり、肉体の生命が尽きた霊魂の状態はどうなのか、これらの探究に乗り出した。そして私はついに、その究明のためには、霊魂の持つ有機的身体の解剖学による進路しか開かれていないと悟った。霊魂は有機的な身体に宿るのだから、霊魂はその活動を遂行し、その過程を完成する。かくして私はこの解剖学を、ただ霊魂の探究のためにのみ研究してきたのである。

習作『動物界の組織』

イタリアのM・マルピーギやオランダのA・v・レーウェンフクといった解剖学の最高権威たちの著作の入念な吟味を含む、彼のこの時期の研究は、一七四〇―四一年にアムステルダムで刊行された『動物界の組織』(*Oeconomia Regni Animalis*)二巻に結実した。

この著作では血液とその循環、心臓や脳などが扱われ、特に血液についての論述が大半を占めている。彼の霊魂を求める思索は、ここでは純化された高度な血液である「霊的流動体」に収斂している。これは、微妙な点で差違はあるものの、デカルトの「動物精気《アニマル・スピリット》」やアリストテレスの言う肉体の最初の形成的本質に似た、「肉体の霊魂」にすぎなかった。

実際、著作の内容そのものも、いちおう「霊的流動体」に霊魂の座を探ったとはいえ、彼の心はまだ懐疑で揺れ、論述も一貫性を欠き紛糾している。彼自身、自分は探究の途上にあるにすぎないと考えたのであろう。『動物界の組織』の次のような個所に、それは明らかである。

一般の人々同様、私は、霊魂に関する私たちの知識は、単なる推理だけによる哲学によって獲得されるか、あるいはもっと直接的に人体の解剖によって獲得されるかの、どちらかであるとしか考えることができなかった。しかしそのように考えているかぎり、私は自分が目標から遠ざかっているのを知った。なぜなら、私がその主題に通じたように思われてもすぐに、それは再び把捉しがたいものになってしまうことに気づいたからである。こうして私の希望は、打ち砕かれたとは言えないまでも、先へ棚上げされてしまったのである。（第二巻208）

しかし、スウェーデンボルグは失望しなかった。もっと広範に人体という密林《ジャングル》を踏査してデータを蓄積し、その基礎のうえに新たな哲学的思索を加えるべく、次の著作の構想を練った。それは「解剖学的、物理学的、哲学的に考察された」というサブタイトルの付された『動物界』、つまり『霊魂の王国』（*Regnum Animale*）の著述であった（なお、『動物界』*Animal Kingdom* は英訳表題として定着していたが、正確には『霊魂の王国』*Soul's Kingdom* と訳すべきだと指摘されている）。これは当初、一七部で構成される予定で、人体のほぼすべての組織や機能を扱うほか、感覚作用や神経と関連させて脳の働きを究めることによって精神や心そのものに迫る、心理学をも含むはずの膨大なものであった。

スウェーデンボルグは一七四〇年にストックホルムに帰り、五年ぶりに鉱山局に勤務した。彼の帰国の前年、スウェーデンで「王立科学アカデミー」が設立され、カール・リンネがその初代会長に選出された。スウェーデンボルグも帰国の年にアカデミーの一員に選出されたが、これは親戚同士の二人の道が交差した数少ないケースであった。というのも、両者とも研究や観察のために旅に出ることが多く、顔を合わす機会がほとんどなかったからである。

かつてスウェーデンボルグがその地位を辞退したウプサラ大学の天文学の教授職には、アンデルス・セルシウスが就いていた。セルシウスは、スウェーデンボルグの帰国の年に天文台を設立し、初代台長となった。この頃もスウェーデンボルグの天文学への情熱は衰えず、セルシウスと地磁気の偏角について論争している。

未完の大著『霊魂の王国《レグヌム・アニマーレ》』

故国に腰を据えることもなく、三年間の勤務のあと一七四三年、スウェーデンボルグは『霊魂の王国』の執筆と出版のために第五次外国旅行に出かけた。ドイツ、オランダを通ってロンドンへと向かうこの旅で、彼は生涯の一大転機を体験することになる。しかしこれについては本章第2節で後述することにし、ここでは、三巻まで出版された『霊魂の王国』と、未完のまま残された膨大な草稿（後年、遺稿として出版）とに見られる「霊魂探究」を追跡したい。

『霊魂の王国』は心臓、肺、胃腸、肝臓などの臓器のほか、筋肉、線維、感覚器官、神経など、あらゆる人体の有機組織を扱っている。草稿のまま残された部分は、脳、生殖器、生理学的心理学を扱い、脳の草稿だけでも一五〇〇ページを超える膨大な量になっている。

彼の不屈の精神は『霊魂の王国』のプロローグに脈打ち、前著同様、ここでも人体が霊魂の治める王国だという確信は変わらない。

霊魂に達しようという熱望をもって人体の奥所と内部へ分け入っても無益だと、現今の最も優れた哲学者の多くは私の耳元にささやくだろう。しかし、そうした意見にはいくつかの反論がある。すなわち、霊魂はその有機的身体の原型、理念、原初形態、原質、力、原理であるがゆえに、あるいは言い換えれば、有機的身体はその霊魂の像であり類型であり、霊魂の能力の全性質に応じて形成され原理づけられているがゆえに、一方は他方の中に、ほとんど生き写しに表象されることになる。したがって私たちは、霊魂に関しては身体によって、身体に関しては霊魂によって、全体の真理に関してはその両者によって、教えられることになる。そうした方法を通じてこそ、私たちは霊魂の王国の豊饒な知へと導かれるのだ。（第一巻序言）

先見的な大脳皮質論

約一〇年に及んだ彼の人体研究は、徐々に霊魂の所在を特定してゆき、ついにその活動の中心が脳にあることを突きとめた。彼はこう述べている。

大脳内には卓越した感覚中枢があり、また奥深い空洞〔窩《か》〕がある。ここへ身体の感覚の放射が上昇し、ここより先へは昇ることができない。そこには、最も高貴な組織の衣をまとった霊魂が座を占め、そこに現われ出る諸観念を迎え、諸観念を客として受け容れる。この気高い場所は最内奥の感覚中枢であり、ここは身体の生命の上昇が停止し、霊的な本質と見なされる霊魂の上昇が始まる境界域である。ここにおいて霊魂は、私たちが観念に基づいて思考し、思考に基づいて結論を下し、結論に基づいて判断し、判断に基づいて選択し、かくして意志し決定する能力に、その力を注入し伝達するのだ。

（『霊魂の王国』第二巻458）

感覚器官、神経組織、大脳については、遺稿『脳』(*De Cerebro*) に詳しいが、スウェーデンボルグは、感覚の情報を受容し運動を起こさせる意識的な精神作用の座を大脳皮質の灰白質に特別に割り当て、さらに、身体の各部位が大脳皮質のどの部位に対応するかという、大脳皮質機能の局在性を克明に記述した最初の学者であった。

彼は『脳』の中で、「大脳の最も高い葉《よう》が足の筋肉を支配し、その最も低い葉が顔の筋肉を支配する」と述べている。左図はカナダの脳外科学者W・G・ペンフィールドの描いた図で、一九五二年に発表されたものである。この図からも、スウェーデンボルグの所説の正しさは見てとれよう。

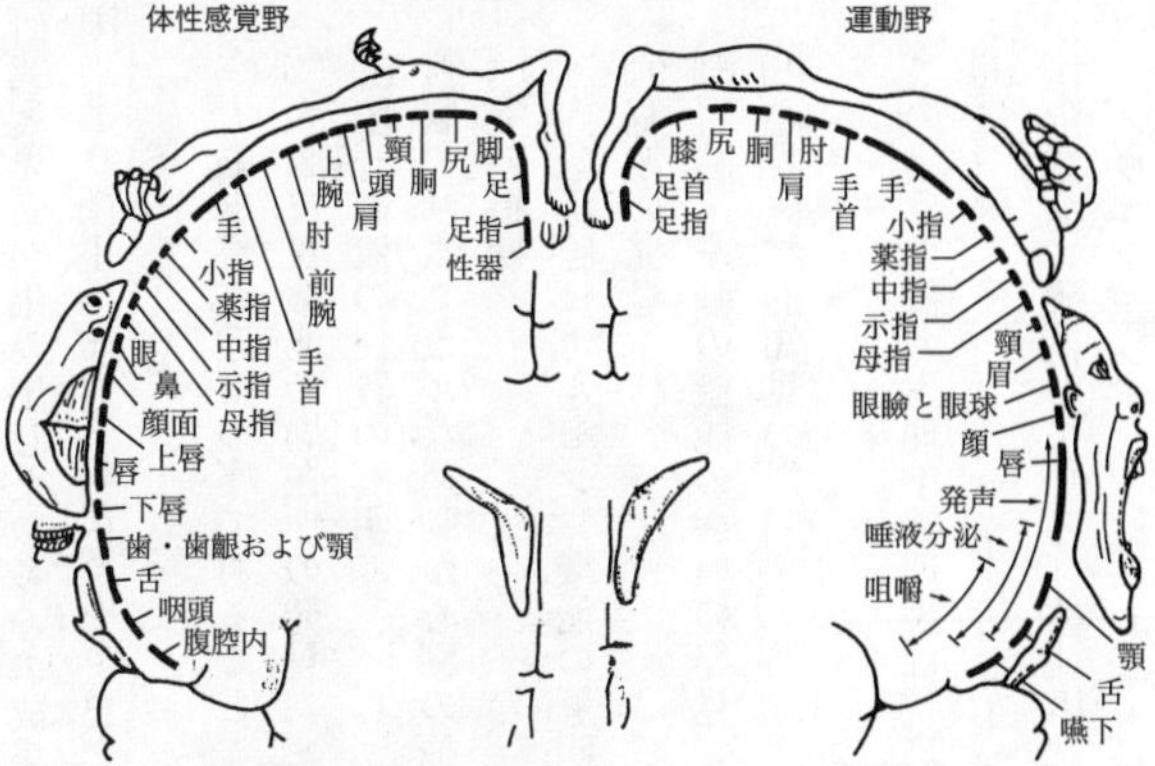

スウェーデンボルグは大脳の、上部にあたる部分を「足の筋肉を支配する高い葉」、下部にあたる部分を「顔の筋肉を支配する低い葉」と説明した。

ペンフィールドによる大脳皮質の機能分担図

スウェーデンボルグはまた、神経細胞《ニューロン》が未発見の時代に大脳皮質の内的な組成を推理し、微小な脳ともいうべき小さな単位を描出して、これを「ケレベルラ」(cerebellula)と呼んだ。この小単位の一つ一つは、私たちの意識するいっそう大きな心的過程へやがて統合される、いくつもの小さな決定を下す能力を持つものであった。これは、後世の電子顕微鏡のとらえた神経細胞にほかならない。

彼はこうした洞察を、自らメスを持って得た解剖所見からというよりは、当時の優れた解剖学の成果を総合的に考察することによって得たものと思われる。

解剖学・生理学的思索の成果

スウェーデンボルグの解剖学・生理学の

研究と思索が生み出した数多くの成果は、後世の研究が実証することになった。『霊魂の王国』より後年に発表されたものも含め、ここで、いくつかの先駆的な理論をまとめておこう。

㈠大脳皮質が意識の座であること
㈡大脳皮質機能の局在性の発見
㈢脳脊髄液《せきずい》の性質の解明
㈣脳のリズミカルな運動が心臓の拍動や血流とではなく、呼吸と同調して起こるという事実の指摘
㈤内分泌腺（ホルモン）機能の解明と、そこにおける脳下垂体の重要性の指摘
㈥脳波の発見
㈦右脳・左脳の機能の違いの発見
㈧心身医学的知見の提唱

このように彼の生理学的理論は、当時としては驚くべき先見性を有しており、このうち㈠—㈤については、一九一〇年にウィーン大学解剖学教授M・ノイブルガー（Max Neuburger）が国際学会で実証している。㈥—㈧についても簡潔にまとめておこう。

㈥スウェーデンボルグは一七一九年、三一歳のとき、スウェーデン語で書いた『震動』

(*Tremulationer*) という初期の解剖学の論文を王立医科大学に提出した。その副題を「我々の活動力が震動から成り立つことを示す、最も精妙な自然物の解剖」と言い、皮膜と神経との解剖を扱った論文である。ここで彼は、脳がある種の震動（波動）を有することを指摘している。

(七)現代では、左右の大脳半球（左脳・右脳）に機能の差違があることが知られている。左脳は分析的、合理的で、言語活動・計算・観念の構成などの機能に優れ、右脳は統合的、直観的で、音楽や絵画の認知のような全体像の把握に優れていると言われる。スウェーデンボルグは神学著作を執筆した頃、自分の脳に及ぼされる霊的影響の観察に基づいて、知性に関係する分析的な事柄は脳の左側から流れ入り、意志や情緒に関係する統合的な事柄は脳の右側から流れ入ることを述べている（『天界の秘義』641・644）。これについて米国の心理学者S・ラーセン（Stephen Larsen）は、大脳半球の機能の差違の発見はスウェーデンボルグに帰せられるべきだと主張している。

(八)心身医学的知見は、おもに血液と線維に及ぼされる心の影響を生理学的に論じた遺稿『線維の疾患』に体系的に叙述されている。「心はしばしば肉体へ働きかけ、血液に障害を与え、これを濁らせることがある」と彼は述べ、感情の混乱や節制を欠く心のあり方が血液や線維の病気を引き起こす例を、いくつか挙げて説明している。

以上に見てきたような多岐にわたる知見を踏まえ、スウェーデンの著名な解剖学者G・レツィウス（Gustave Retzius）は、スウェーデンボルグを「深遠で偏見なき解剖学の思想家」と呼んでいる。

「自然的な心」と「霊的な心」をつなぐ「合理的な心」

スウェーデンボルグが人体研究を通じて、霊魂の所在を脳に突きとめたことは前述した。しかし脳に霊魂が宿るといっても、その霊魂とはいったい何なのか。

私たちは普通、脳に心や精神が宿る、つまり心の多くの機能が脳の物理的な構造の中に正確に反映されると考え、心や精神を超えたところに霊魂を必要とすることはない。特に近代心理学は、実験心理学の完成者と言われるW・ヴント（Wilhelm Wundt）（一八三二—一九二〇年）以来、「霊魂なしの心理学」を標榜してきたのである。

スウェーデンボルグは、脳の先になおも霊魂を求めて前進した。彼が探究すべき霊魂は、もはや肉体の生命原理としての「肉体の霊魂」ではなく、「霊的な霊魂」、すなわち意識作用の根源としての霊魂であった。『霊魂の王国』第七部を構成する予定だった「霊魂」（De Anima）という表題の付いた草稿は、死後『合理的心理学』として出版されたが、この遺稿の中に彼の科学的な霊魂探究の総決算を見ることができる。

『合理的心理学』は一種の生理学的心理学であり、脳や神経と切り離された心だけを研究対象にしたものではない。霊魂が人体の全般的な生命原理であると同時に、その意識体ともいうべき人間の精神の原理でもあることを検証し、霊魂のさらに高次の働きを照射するのが、この著作の目的であった。

著作は「感覚」「低次の心《アニムス》」「合理的な心」「霊魂《アニマ》」の四部から構成され、精神ないし心のあらゆる位相が扱われる。

霊魂はまず、自然の最も内的で精妙な原質である「霊的流動体」を使って、懐胎によって肉体を形成する。さらに霊魂は肉体の内部で、外界の自然からの働きかけを受容して思考や行動を始めることのできる特殊な器官（感官・神経・脳など）の形成によって、自分自身を意識的な「心」へと形成する。意識化の過程では、「霊的流動体」を特に大脳皮質の内部に循環させる極小の脈管である「皮質腺」が重要な役割を担う。

しかしここでは、皮質腺を通じて起こる脳内の過程と心の過程との相関については度外視し、心そのものと霊魂の関係だけを概観しよう。

私たちの意識的な心を、スウェーデンボルグは「合理的な心」（mens rationalis）と呼ぶ。この心は「自然的な心」と「霊的な心」との中間に位置する。自然的な心とは低次で外的な心であり、「アニムス」（animus）と呼ばれる。これは肉体の感覚を通して形成された「感覚の生命」「非合理的な心」であり、動物もこれを有するとされる。現代流に言えば、本能・情動・パッションのことである。一方、霊的な心は内的で高次な心であり、これは「霊魂」（anima）から発している。この心は現代では、超意識の領域に属する一種の知的直観

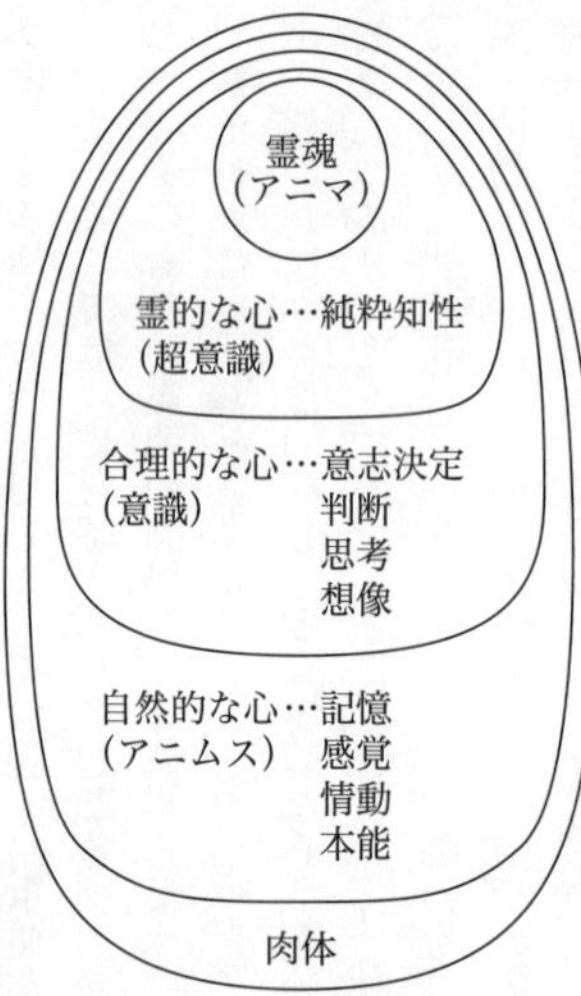

『合理的心理学』における心の階層

と見なされるものであろう。

近代哲学は、デカルトの「思考実体」、つまり思考しつつ存在する意識的な心を、それ自身で存立するかのように見なし、霊魂のような心の内的原理を退けてきた。しかし現代では、無意識や超意識も含む心の成層的な構造がしばしば問題になっている。スウェーデンボルグによれば、合理的な心は「思考の生命」として、「感覚の生命」であるアニムスの内部にあって、想像・思考・判断・意志決定などの働きをする。しかしそれは、その心自身の自発的な働きによるのではなく、その心に内在する霊魂の働きを受容して、アニムスから入ってくる流れを処理するのである。すなわち合理的な心は、霊魂とアニムスの流れの交差する地点に位置し、自由に考え、判断し、意志し、行為する。

合理的な心を司る「純粋知性」

合理的な心は「人間の心」であり、私たちの「真正の自己」である。道徳的な性格も合理的な心に由来する。なぜなら、アニムスに属する本能や情動を、霊魂から発する高次な心の視野に収めて熟考し抑制しないなら、そこには悪徳が形成されるし、逆に欲望や情動を正しく秩序づけるなら徳が形成されるからである。

スウェーデンボルグは、人間を人間たらしめる能力を自由意志と理性とに求める。これらは合理的な心に宿る能力であるが、理性についての考え方は特殊である。彼は理性を「混成された知性」と呼ぶ。というのも、後世の哲学は人間の理性を絶対視し、「純粋理性」とか「理性の自発性」などと言うが、スウェーデンボルグは理性の内奥に、理性を超越しつつ理性を原理づけるもう一つの知性、「純粋知性」を探り、これを霊魂の直接的な所産と考えたからである。

純粋知性には「自然の一切の法則に対する直観」が先在する。純粋知性は、「合理的な心が継時的に把握するものを同時的に把握する。つまり、前提と結論、原因と結果を同時的に把握する」(132)。また純粋知性は、「どんなことでも、それをただちに真または偽と認め、確からしいという曖昧な認め方はしない」(133)。さらにこの知性は、人間が経験によって獲得するものではなく、初めから完全であるので経験によって完全にされる必要もない(134)。

スウェーデンボルグが理性を「混成された知性」と呼んだのは、理性が合理的な心において純粋知性の働きを受けて、経験的、後天的に獲得される感覚的印象や低次の観念を秩序づけるものだからである。このように霊魂は純粋知性を通して、思考や推理の能力を意識的な心に賦与するだけでなく、想像や感覚の作用をも究極的に統制している。

かくして霊魂は、肉体全体の形成と維持の原理であるばかりでなく、心全体の形成とその秩序維持の原理ともなる。

霊魂とは……

人間が理性と自由意志を、「自然の秩序」または「従属の普遍的な法則」に従って正当に使用するかぎり、霊魂による自らの王国の統治は安泰である。しかし現実には私たちの意識的な心は、認識に関しても道徳的行為に関しても、霊魂の指示に常に従うわけではない。そうなると霊魂の王国は危機を招き、破滅にさえも至るであろう。むろんこの場合も霊魂そのものは働き続けるのだが、合理的な心がアニムスの流れに翻弄されて霊魂の働きを拒否してその流れを閉塞させてしまうという意味で、破滅するのである。こうした主題に関しても、『合理的心理学』には一章が割かれている（第一七章「自由決定または道徳的な善悪の選択」）。しかしこれについては、煩雑になるので省略する。

この著作で最終的に規定された霊魂とは、「純粋な英知であり、霊的な本質にして霊的な形態」である。したがってまた霊魂とは、「自然の原初の存在《エンス》と形態とである純粋知性を超越しつつ、かつその純粋知性に隣接するもの」である（137）。

2　宗教的危機と『夢日記』

科学的探究の限界

『霊魂の王国』の執筆と出版のための第五次外国旅行中、スウェーデンボルグは日記を付けていた。それは一七四三年七月から翌年一〇月までの日記であり、彼の死後八六年を経てストックホルムの王立図書館で偶然発見された。初めの部分は数ページにまとめられた普通の旅日誌だが、一七四四年三月─一〇月の約七ヵ月間の部分は、内面的な葛藤や苦悩の自己告白、自分の見た夢とその解釈、心霊的な出来事などの記録となっている。後年、この日記は『夢日記』(*Journal of Dreams*) と呼ばれている。

スウェーデンボルグの父は、聖職の最高位までのぼりつめた神学者であり教育者であった。教会や学校の旧弊の改善に示した、彼の頑固なまでの信念は広く知られていた。そればかりでなく、彼は天使や霊の存在を信じるシャーマン的な素質も持っていた。しかしその息子は、鉱山技師と科学者の道を選んだ。第五次外国旅行の途に就いた五五歳になるまで、スウェーデンボルグが特別に神学問題に深入りしたり、神秘的な信仰体験を持ったりした形跡は幼い頃をのぞいてほとんど見出せない。

それゆえ、科学者から霊界の探訪者や神秘主義神学者への彼の転身は、一つの謎であった。突発的な霊感を得たため、すべての科学的研究を放棄して宗教家になったとか、統合失調症か偏執狂《パラノイア》に罹《かか》ったため誇大妄想的な大部の神学著作を書いたとか、彼の転身に対する解釈はまちまちだった。しかし、現存する最も古くかつ長い心理学的な日記とも言える『夢日記』は、こうした飛躍的な解釈を許さない。この日記に私たちは、きちんと順序を踏んだ彼の転身への軌跡をたどることができるのである。

スウェーデンボルグは、当時の多くのスウェーデンの科学者同様、基本的にはルター派の敬虔なキリスト教信仰を持っていた。それは前に引用した『原理論』の最初の章にも表われている（四四ページ参照）。また彼の幼年時代の回想（一八、一九ページ参照）、すなわち子供の頃絶えず信仰や救いのことを考えていたという体験からも、それは推察できる。ただ彼は父とは違い、時代の潮流に従って理性を重んじ、科学によって神の栄光を顕わしうると確信し、この道に邁進したのである。

しかし、霊魂を求める客観的な科学的・哲学的探索は、それ自体の限界を有している。物を観察する場合はともかく、観察の対象が観察する主体でもあるような心や精神の場合、科学的方法は必ずしも有効でないからである。まして、探究の目標が霊魂という心の深奥であれば、これは通常は意識化されないから、私たちの日常的な意識だけを研究対象としても意味がない。そのため、いわゆる帰納法と演繹法を駆使した、別言すれば観察と推理を究極まで推し進めたスウェーデンボルグの霊魂探究も、方法論的な限界に達したのである。

著作内容と連動した夢解釈

日記を見ると、『霊魂の王国』の著述に苦闘する彼の内面がよく分かる。

一七四四年三月二四日に彼はハーグにいたが、車輪のスポークに巻き込まれ身動きのとれなくなった夢を見た。これを彼は「子宮内の胎児の肺に関わる何か」を表わすと解釈している。この直後、彼は『霊魂の王国』第二巻のエピローグを書き始めた。そこでは、誕生時の人間の肺の始原や、この始原が大脳に及ぼす影響という主題が扱われている。同じエピローグを執筆中に見た他の夢の中で、彼はおびただしい数の害虫を捕っている人を見たが、それを「私から根絶されるべき不純性」と解釈している。そのエピローグでは、人間を英知へと導く三つの動因として「経験、科学、明晰に思考する能力」が挙げられ、明晰に思考する能力がなければ経験も科学も「単なる死せる力」にすぎない、と説かれる。そしてこの能力の獲得には、「肉体への気遣い、愛、世俗の誘惑から心を呼び戻すこと」の必要がある、と結論づけられている。これらは一例にすぎないが、彼の夢とその解釈は、そのとき執筆中であった著作そのものと連動しているのである。

夢ばかりではない。彼はかなり強烈な心霊的な体験も持った。これは『夢日記』を付け始める三年前の五二歳頃から時おり体験され、『動物界の組織』の中にもこの体験が記述されている。

また——私はそれがどこから来るのか知らないのだが——脳の聖なる神殿を貫いて放たれる、ある神秘な放射が存在する。こうして、ある種の合理的本性はそれ自身を開示し、霊魂がその刹那にそれ自身の黄金時代の知的完全性へ立ち戻ったことを示すのである。(19)

この他にも、彼はありありとした炎や光を数ヵ月にわたって幻視し、「執筆中の事柄に関する尋常でない啓発」を体験し、さらには「ほとんど感知しえない、鳴りを静めた呼吸」が自分の内部に起こるのを執筆中に観察している。これらの体験は、彼の無意識的な心の深層が徐々に開かれ、より深い思索が可能になったことを示すものと思われる。

こうした夢や異常な心身の状態は、時が経つにつれてますます重苦しく深刻なものに発展してゆく。それに従い、道徳や信仰に関わる心の奥底までが意識へと徐々に浮上し、彼は人生の目的や自己の救済についても苦悶するようになる。科学的探究をこのまま続けるべきなのか、それとも、もっと気高い仕事によって神に仕えるべきなのか。彼は失意と高揚感の間で逡巡する。

彼は謙虚に自らの罪深さを告白している。自分は「他の誰にもまさって無価値であり、最大の罪人であり」「頭の天辺《てっぺん》から足の爪先《つまさき》まで不潔であり」「惨めな被造物である」と。恐怖と戦慄の中で彼は神に向かって、「汝《なんじ》の御心《みこころ》のままに。我は汝のものにして我自身のものにあらず」と祈る。

彼の生活は中世の修道僧を髣髴《ほうふつ》とさせる。彼は聖書を読み、祈り、断食をし、幼い頃に覚えた讃美歌を口ずさんだ。時には殉教のことさえも考えた。それは、真の知恵のためには自分の得た全知識を放棄してもかまわぬという、知への殉教であった。

イエス・キリストを幻視する

彼の試練のハイライトは、イエス・キリストの幻視である。一七四四年四月六日―七日の日記には、「N. B. N. B. N. B.」(N. B. はラテン語で、注意・注目の意味の略語）と記している。これは、それが彼にとって重要な出来事だったことを意味する。オランダのデルフトのホテルでの出来事だった。その晩、彼は夜一〇時に穏やかに就寝した。

半時間後、私は頭の下のほうに物音を聞いた。それで私は、試みる者がそのときに去ったのだ、と思った。ただちに頭から全身にかけて、すさまじい轟音を伴った強烈な震えが襲った。それで私は、何か聖なるものが私を制しているのだ、と思った。それから眠りに就いたが、真夜中過ぎに、またしても強烈な震えが全身を襲った。それは、多くの風が互いに衝突しながら吹きつけたかのような轟音を伴い、私は強い衝撃を受けた。私は顔を俯《うつぶ》せにして投げ倒され、投げ倒されたまさにその瞬間に完全にめざめ、自分が投げ倒されたのだと分かった。私はこんな出来事が何を意味するのかといぶかり、あたかもめざめているかのように独りごとを言った。「おお、全能者イエス・キリストよ。汝はその偉大なる慈悲をもて、かくも大いなる罪人のもとへと来《きた》り給《たも》う。我をこの恩寵《おんちょう》に値するものとなし給え」。私は両手を組み合わせて祈った。するとそのとき、手が差し出されて、私の手を堅く握った。そこで私は、ただちに祈りを続けて、「汝は恩寵によりすべての罪人を受け容れると約束し給うた。汝は汝の言葉を守るほかの何事をも為《な》し給い得ず」と言った。その刹那、私は彼の胸元にいて、彼と顔を見合わせた。それは聖なる雰囲気に包まれた容貌だったが、そのすべては記述不能のものであった。私は震えながらめざめた。

こうした信仰の試練と救いの体験を幾度も繰り返しながら、スウェーデンボルグは一七四四年四月三〇日―五月一日に、自分の信仰をこう要約している。

要諦（summa summarum）

一、我々が救われるのは恩寵によってのみである。

二、恩寵はその主権者たるイエス・キリストの中にある。

三、救済の促進はキリストの内なる神への愛による。
四、人はそのとき、イエスの霊によって導かれることを自らに許容する。
五、我々自身に由来する一切のものは死んでおり、罪と、永遠の断罪に値するもの以外の何ものでもない。
六、なぜなら、どんな善も主以外には由来しないからである。

単なる神学研究によるのではない、彼のこうした実存主義的な体験に根差す信仰は、後半生に書かれた膨大な神学著作群を貫く堅固な中核《コア》として生きている。

たび重なる幻視体験

心霊的な能力の面でも、その能力の急速な発達を思わせる記述が『夢日記』に散見される。

イエスが顕現した夢のあと、四月一〇日に彼は「さらに深く霊の中へ」入った。一三日には、神の恩寵についての思いに浸っているとき、彼は自分の思考が「赤い色に光り出した」のを幻視した。赤い色とは神の恩寵のしるしだと彼は考えた。一九日には、「通常とはまったく異なった種類の睡眠」中、「睡眠でも覚醒でも法悦でもない状態における幻視」を体験し、二五日には「睡眠でも覚醒でもないような奇妙なトランス」状態の中に約一一時間もいた。七月二二日の朝、眠りからさめた直後に彼は、大気が黄金で満ちているのを幻視した。これらの異常な精神状態を私たちが理解するのは困難だが、彼の心霊的な素質の急激な発現と見なすことはできよう。

九月二三日の夜の出来事は、完全な覚醒状態においてひとりの霊が話すのを彼が聞いた、最初の体験であると思われる。この日、彼は『霊魂の王国』の「触覚」に関する章を脱稿した。その夜の出来事は日記にこう記されている。

日曜日だった。就寝前、自分が書こうとしていた主題に関して力強い思考の中にいた。そのとき私は、「黙れ、さもないと打つぞ」と言われた。すると、氷の塊《かたまり》の上に座っている人影が見えた。私は恐れた。自分が幻視の中にいるかのようだった。私は思考を続けようとしたが、いつもの震えが襲ってきた。それは多分、日曜日や夕方には、そんなに遅くまで研究を続けるべきではない、ということを意味しているのだろう。

『夢日記』が発見され、翌一八五九年に出版されたとき、その内容は物議をかもし、多くの人々は、この日記こそスウェーデンボルグの狂気の発端を証明するものと見なした。しかし、この心身の異常な状態のただ中でさえ、彼は科学者としての冷静さを堅持し、それを日常の生活や公表した科学的著作において十分に立証したという事実は忘れられてはならない。

今や彼自身の開顕しつつあった霊的能力や純化された内面的信仰と統合した「霊魂」探究は、難局を打破し新たな方向に進展しつつあった。解剖学・生理学の研究の続行を断念し、彼は自らの心の深奥に垣間見た「霊魂」の実体に、さらなる内面的観察と神への信仰とによって肉薄していったのである。

3　神学者への転身

ロンドンでの召命体験

『夢日記』が書かれた翌年の一七四五年に、スウェーデンボルグはロンドンで『霊魂の王国』第三巻を出版した。これは彼の最後の科学的著作となった。またこの出版と前後して、彼は宇宙と人類の創造をテーマにした特殊な著作『神の崇拝と神の愛』(*De Cultu et Amore Dei*) 第一・二部を出版している。

この特殊な著作は、科学的研究と聖書の創成神話とを自由に結合して、文学的な想像力を用いて一気に書き上げた壮大な創造の叙事詩である。以後の神学著作群の先触れとなったこの著作について詳しく述べる余裕はないが、彼はここで「究極的で最も聖なる目的」に向かって進行する「必然性と最も深い確実性とを持つ宇宙」を描いている。

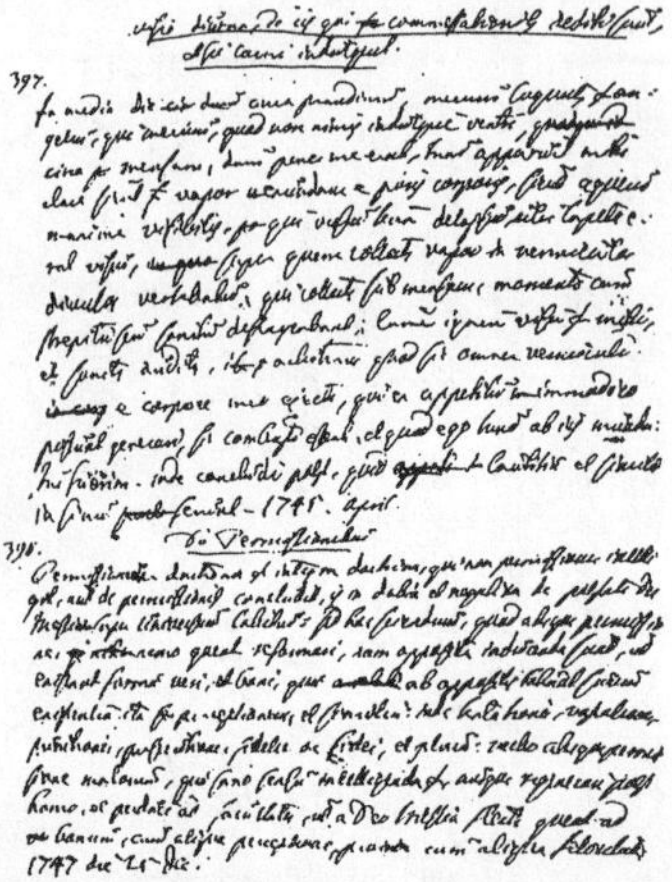

ロンドンでの霊的体験を綴った、『霊界日記』の自筆

スウェーデンボルグの霊的なすべての感覚が完全に開かれたことを示す出来事が、一七四五年の四月にロンドンで起こった。彼自身、自分が聖書の真の意味を世間に啓示すべく主イエス・キリストによって召命されたのは一七四五年の四月である、と明言している。後世に伝えられたこの召命に関する唯一の詳細な証言は、彼の友人の銀行家カール・ロブサーム (Carl Robsahm) によるもので、ロブサームはスウェーデンボルグ自身からこれを聞いたと語っている。それによれば、スウェーデンボルグは次のように語ったという。

> ロンドンにいたある日、私はよく食事にかよったホテルでいくらか遅い昼食をとっていました。食事が済んだ頃、私は眼前の何か薄暗いものに気づきました。すると、それはますます暗くなり、床が蛇や蛙のような、おぞましい這う動物たちで覆われてゆくのが見えました。私は肝をつぶしました。それというのも、私は確かに意識もはっきりして

おり、そのうえ明晰な思考も持っていたからです。ついにその暗闇が行き渡り、そして突然それが消えたとき、部屋の片隅にひとりの人が立っているのが見えました。そのとき私はひとりだったので、彼の言葉に非常に驚きました。というのは、彼が「食べすぎるな」と言ったからです。目の前が再び真っ暗になりましたが、ただちに暗闇は消失して、私は自分が部屋にひとりいることが分かったのです。起こったことを十分に考えた結果、それを偶然の出来事とか、何か生理的な錯覚のようなものと見なすことはできませんでした。私は家〔ロンドンの宿〕に帰りましたが、その夜、その同じ人が再び私に現われたのです。私は今度は恐れませんでした。彼は「私は主なる神、世界の創造主にして贖罪《しょくざい》主である。人々に聖書の霊的内容を啓示するために汝を選んだ。この主題に関して何を書くべきかを汝に示そう」と語りました。そしてその夜、霊たちの世界や地獄および天界が、はっきりと私に開かれたのです。私はそこで、生涯のあらゆる場面で出会った多くの知人たちと再会しました。そしてその日以来、私は一切の世俗的な著述活動を放棄し、私の研究を霊的な事柄に捧げたのです。

（R・L・ターフェル『文書集録』I）

この引用文中の人物が、イエス・キリストである。「食べすぎるな」という言葉については従来、議論がなされてきたが、この言葉は、スウェーデンボルグの食に関わる不節制を意味するものではない。おそらく、彼が貪欲《どんよく》に求め続けた科学的知識を指し、必要以上にそれを求め続けることをやめて心をもっと神的な導きに委《ゆだ》ねよ、と諭《さと》したものと思われる。

鉱山局を辞任する

この召命体験のあと、七月に彼はストックホルムに帰り鉱山局の仕事に戻った。昼は冶金学上の問題について論じたり、鉱山業の争議を調停したりして監督官の責務を積極的に果たしながら、夜は『聖書索引』の作成やヘブライ語の研究に没頭した。

帰国後二年を経た一七四七年の六月、鉱山局は彼を首席評議員に指名したいと国王に申し出た。これが研究の大きな障害になるのを懸念して、彼は鉱山局を退職する決意を固めた。国王フレデリク一世（在位一七二〇―五一年）宛の書簡に彼は、「私は、現在従事している著作を完成させることが自分に課せられた義務と感じておりますゆえ、国王陛下に対し謹んで、私の代わりに他の方を選ばれますようお願い申し上げます。そして、私にどんな高位もお与え下さることなく、慈悲深くも私を務めから解き放って下さいますように」（ターフェル、前掲書）と懇願している。

国王はこの要望を容れ、スウェーデンボルグが給与の半額を継続して受け取れるように配慮した。公的議事録には、「王立鉱山局の全会員はかくも貴重な同僚を失うことを遺憾に思った」とある。

三〇年間勤務した鉱山局を退職したのは七月一七日だったが、そのあとすぐ彼は、新たな著作出版のために第六次外国旅行の途に就いた。時に彼は五九歳であった。

第三章　その霊的世界

1　『天界の秘義』の出版

『聖書索引』と『草稿』による準備

『天界の秘義』(*Arcana Coelestia*) は、スウェーデンボルグの最初の神学著作である。八巻から成る大著（邦訳書は柳瀬芳意訳、静思社、全二八巻、一九七〇―八三年）で、一七四九年から五六年にかけてロンドンで出版された。この著作は「創世記」と「出エジプト記」の霊的な意味を逐語的に解明する釈義書の形式をとった、霊的世界に関するあらゆる情報の集成である。この最初で最大の著作の他にもスウェーデンボルグは数多くの神学著作を出版し続けたが、それらのほとんどはこの大著で扱われた主題を分割して編集したものであり、最も広く読まれている『天界と地獄』も例外ではない。

『天界の秘義』の著述は一七四八年の一一月に着手された。一七四五年四月の召命体験から数えて三年七ヵ月の準備期間に、彼は原典で聖書を読むべくヘブライ語を学び直しただけでなく、『聖書索引』と『アドヴァーサーリア』（*Adversaria*）（草稿・下書の意）を書いている（共に遺稿として刊行）。前者は、彼自身が使用するために入念に作成した聖書全巻の事項別・主題別索引であり、二折判《フォリオ》で二〇〇〇ページに達する。同判でやはり二〇〇〇ページある『アドヴァーサーリア』は、『天界の秘義』のいわば習作にあたる、旧約聖書の逐語的な釈義書である。他にも、『夢日記』に実質上連続する『メモラビリア』（*Memorabilia*）（記憶すべき事柄を意味する、『霊界日記』の初期の部分）や聖書の余白への書き込みなど、霊的な見聞や考察を記したものが一〇〇〇ページに及んでいる。

この事実は、科学的著作を執筆したのと変わらない学問的精神をもって、彼が神学著作にも打ち込んだことを立証している。彼は、何らかの神秘的な霊知によって突発的に霊感づけられた空虚な器《うつわ》では決してない。また彼は、現代の一部の宗教家のように、霊的体験や霊能力だけで啓示伝達の権限を賦与されたと主張したこともない。彼の倦《う》むことを知らぬ熱意と勤勉さは、独自な神学者に転身してからも変わることはなかったのである。

啓示された秘義《アルカナ》

『天界の秘義』では、ほとんど聖書の全巻にわたって、その「霊的な意味」が首尾一貫した解釈原理に従って明らかにされている。霊的な意味とは、聖書の「文字的な意味」や「歴史的な意味」に内蔵された本来の意味である。彼は序文に、聖書が神のことばと呼ばれるのなら、その内容は微細な点に至るまで、主（神）や主の天界、教会、信仰に関わる事柄を扱っているはずである、と述べている。

聖書の解釈には史上多くの人々が取り組んできたが、スウェーデンボルグは自身の革新的な方法に対する信念を次のように披瀝している。

心が文字の意味にのみ固執しているかぎり、誰も、こうした生命が聖言に内蔵されていることを認めることはできない。したがって、「創世記」の最初の数章には、世界の創造や、パラダイスと呼ばれるエデンの園、原初に創られた人間としてのアダムが扱われているということ以外は、どんなことも文字の意味から発見することはできないのである。しかしこれらの記事は、いまだ決して啓示されたことのない秘義《アルカナ》を内蔵しているということが、以下のページで十分に確証されるであろう。事実、「創世記」第一章は、内なる〔霊的な〕意味において、全体としては人間の新創造ないし新生を、ある部分では原古代教会を扱っているのである。（4）

では秘義《アルカナ》は、どのようにして彼に啓示されたのであろうか。これについて彼は、自分の特殊な立場をこう述べている。

これまで数年にわたって、霊や天使たちと間断なく、妨害もされずに交わり語り合うことが、主の慈悲によって私に許されてきた。こうして、何ぴとの知識や観念にも決して顕われたことのない他生の驚嘆すべき事柄を見聞することが、私に許されてきた。私はさまざまな種類の霊たちや、死後の霊魂の状態、地獄すなわち不信仰な人々の嘆かわしい状態や、天界すなわち信心深い人々の祝福された状態について、また特に天界全体で承認されている信仰の教説について、教えられたのである。（5）

『天界の秘義』で論じられる霊的見聞や考察については本章で、また聖書の霊的意味の解明やキリスト教神学の革新については次章と第五章で紹介したい。前述のとおり『天界の秘義』は他の神学著作群と密接に結びついているので、これらをも含めた形で詳しく見てゆくことにする。

スウェーデンボルグの「霊界書」への評価

一般に霊や霊界というと、何かおどろおどろしい、グロテスクな、陰鬱なイメージがつきまとう。人々は霊や霊界を一笑に付し、これを精神を病む人の幻想や幻覚に帰することもしばしばである。むろんスウェーデンボルグもそうした見方をされた。

カントを父と仰いだ実存主義哲学者で精神医学者のカール・ヤスパース（一八八三―一九六九年）は、『ストリンドベリとファン・ゴッホ』（一九二二年）において、特に『夢日記』を分析して、スウェーデンボルグを「精神分裂病」と診断した。非常に複雑な偏執狂《パラノイア》の一種だと診断した医学者（クレーン）もいるし、抑圧された同性愛を伴う、父親への転倒したエディプス的愛着と解釈した医学者（フォン・ヴィンターシュタイン）もいる。

しかしウィリアム・ジェイムズ（二一〇ページ参照）の名著『宗教的経験の諸相』（一九〇二年）にあるように、宗教家と言われる人々は、多かれ少なかれ何らかの精神病的な外観を呈するものである。スウェーデンボルグが精神的に真に不健康であったかどうかの最終的な判断は、霊的世界や宗教についての彼の思想全体を吟味し、これをどう解釈するかにかかっている。彼の思想を創造的、建設的なものととらえた歴史上の人物も多い。ゲーテ、バルザック、ブレイクは、彼の思想の中に健全な光を見ているのである。

古来、洋の東西を問わず、いわゆる霊界書と呼ばれる書物はいくつかあった。エジプトの『死者の書』、チベットの『死者の書』、日本の平安時代の『往生要集』などが代表的なものだが、ダンテの『神曲』と、浄土教の教典『無量寿経』（サンスクリットの原題は『スカーバティーービューハ』）も加えられよう。

これらの書と対比して、スウェーデンボルグの霊界書、つまり一連の神学著作の根本的な特徴は何であろうか。それは、近代科学の洗礼を受けた人間が書いたという点であり、また、文学的な想像力や他人からの伝聞に基づいて書かれたものではないという点である。前章で概観したように、スウェーデンボルグに死後の世界の扉が開かれたのは一七四五年、彼が五七歳のときであった。以後、ロンドンで客死するまでの二七年間、彼は自然界と霊界とに同時に住み、生きながらにして前人未到の世界へ分け入り、その未知の世界を余すところなく記録したのである。

バルザックはスウェーデンボルグをテーマにした小説『セラフィタ』（一八三四年）の中で、作中人物をしてこう語らしめた。「スウェーデンボルグが案内役の天使に連れられて昇ってゆく最初の旅の描写は崇高で、クロップシュトックやミルトンやタッソーやダンテの叙事詩をさえ、神が地球と太陽とを引き離した距離ほどに、凌駕しているとも云えるでしょう」（蛯原徳夫訳、角川文庫、一九五四年）。

また、二〇世紀最大の小説家のひとりと評されるJ・L・ボルヘスは、隠喩の体系を用いる他の神秘主義者の著作と比較して、「スウェデンボルグの著作にはそのようなものはまったく存在しない。彼の作品は、見知らぬ土地を旅し、その様子を冷静な態度で綿密に描きだしてゆく旅行者の記録を思わせる」（『ボルヘス、オラル』木村榮一訳、水声社、一九八七年）と述べているのである。

2　死と死後の世界

死後の人間である「霊」

スウェーデンボルグは長い推理と思索、また一歩まちがえば精神錯乱に陥るような厳しい心霊的彷徨の果てに、初めて個別的存在としての霊（以下、「霊」という言葉で意味されるのは、肉体と同じような霊的な身体をそなえた死後の人間のことである）を目《ま》のあたりにした。その瞬間を彼自身が回想した記録がある。

霊的体験を記した『霊界日記』には、「そしてついに、ひとりの霊が私にわずかな言葉で語りかけた。私は彼が私の思いを読み取ったことに仰天した。そのあと私の心が開かれ、霊たちと話ができたときにも、大いに奇異な感を抱いた。そのとき霊たちも同じように、私が驚いたことに驚いたのである」（2951）と記されている。

霊との意識的な交流が開かれる際の驚きは、死んでまもない、霊となった人間にも同様に起こるようだ。スウェーデンボルグは霊界になじむようになってから、死後、霊界に入ってきた新参の霊との興味深い対話を記録している。

霊界へ新しく入ってきたある人が、私が霊や霊魂について話すのを聞いて、

「霊って何ですか？」

と尋ねた。彼自身はまだ、自分が地上に生きていると思っていたようだ。少し説明して話し合ったあと、私は彼に告げた。

「あなたは今やひとりの霊です。あなたはそのことを、自分が私の頭上にいて大地の上に立っていないという事実からお分かりでしょう」

そうして私は彼に、このことを受け容れることができるかどうかと尋ねた。すると彼は恐れおののき、

「私は霊だ、私は霊なんだ!」

と叫びながら逃げていった。

(『天界の秘義』447)

霊にも身体と精神がある

霊的感覚が開かれて以来、何度もくり返されたこうした体験によって、彼は「霊魂」についての見方を少し変更しなければならなくなった。彼にとって「霊魂」はもはや単なる推理の帰結でも抽象的なものでもなくなり、心の奥深い領域で現実に見、かつ交わる対象として、つまり「霊」として立ち現われる実体となった。

「霊魂は死後に生きる人間そのものであり、〝霊魂〟というよりも〝霊〟ないし〝内的な人間〟と言ったほうが適切である」。

こう彼は述べている（『天界の秘義』6054）。

もっとも彼自身、術語をきちんと定義してかかる几帳面さを欠くところがあり、神学著作中の「霊魂」という術語にも多少そうしたところが見られる。『合理的心理学』において探究された「霊魂」が、そのまま「霊」や「内的な人間」であるわけではない。本来の意味の「霊魂」とは何かに関して、彼はそれを「人間の最内奥のもの」または「名称を欠いた最内奥のもの」（『霊界日記』4627）と規定し、それは個別的存在としての霊のどんな意識をも超越した「人間の霊の霊魂」（『天界の秘義』1999、『霊界日記』3474）であると述べている。

してみると、霊的体験を経たのちも、彼の「霊魂」観は科学的な思索の帰結と矛盾しない。新たに発見されたことは、本来の霊魂は肉体と精神の原理であるのみならず、肉体とは実在のレベルを異にするが、それでも肉体と類似した霊的な身体の原理でもある、ということである。

むろん、その霊的身体の内部には霊界で新たに開かれる意識的な精神も存在する。この精神ないし心は「霊的な心」と呼ばれる。それは、地上に人間が生きている間に潜在的に有していた内的な心が、いわば「開かれた」ものである。二つのレベルの心身は、人間が自然界にいる間も、本質的には決して分離したものではないが、霊的な心身は通常、不可視で意識されない。スウェーデンボルグは、霊の心身と地上の人間の心身のような、霊的なものと自然的なものは「不連続的な階層」または「照応」（これについては後述）によってつながっている、と言う。

　スウェーデンボルグは「霊魂」や「霊」に関して、それまでの思索を放棄したわけではない。ただ、考察の視点を転換しただけである。今や彼にとって、霊とは、自然に属するものでも、かといって自然とまったく離れたものでもなく、その肉体という被覆とは不連続的に異なる実在の「階層」にある、その被覆（肉体）と同じようなものであった。彼は自然界と霊界という不連続的な実在の間隙に立って、自然や肉体のことごとく物理的で機械論的な過程と、霊の神秘に満ちた過程とを同時に意識することができたのである。

　霊とは霊的な心身をそなえた人間そのものである。霊の内部には、霊的な心にとっても無意識的な、本来の意味での霊魂が鎮座する。この霊の生き生きとした実感を、スウェーデンボルグは次のように描出している。

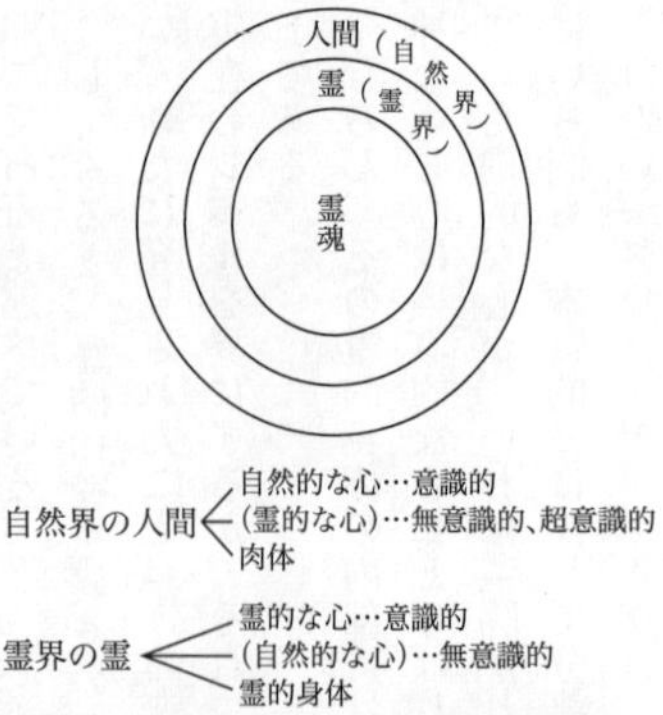

＊霊魂は人間にとっても霊にとっても意識されない。

スウェーデンボルグの考えた人間と霊の階層構造

外界〔自然界〕の事物が影響を及ぼす場合とまったく同じような、あらゆる感覚で知覚しうるような影響を、霊たちは私の肉体に及ぼした。彼らは幾度も私の肉体を乱暴に扱って激烈な苦痛を与えた。また、はっきりと冷寒や熱を引き起こし、その冷寒や熱をいわば風のように吹きつけたのである。私がこうした風をはっきりと感じただけではなく、その風はろうそくの炎を明滅させさえしたのだ。

このように、霊は有機的な原質であって、単なる意識ではない。しかるに、ある者たちはいつも霊を、主体たる原質から抽象して考えている。そのため、人間は霊についてどんな観念も持てなくなってしまう。それゆえ人々は、霊とは肉体の物質的な部分に連結している、人間に内在する真の原質であることを知らない。というのも人間は、この物質的な部分から、〔地上に〕生きている間は分離されえないからである。

（『霊界日記』2392）

死は生の連続であり移行である

それでは死とは何であろうか。スウェーデンボルグは、この謎に淡々と答えている。

ひとことで言えば、死とは「絶滅ではなく、生の連続であり、一つの状態から別の状態への移行にすぎない」（『真のキリスト教』792）。人間はみな、自己同一性《アイデンティティ》の意識と生前の記憶を失うことなく、古びた衣服を脱ぎ棄てるように肉体を脱ぎ棄て、肉体と類似した霊的身体を持って甦る。

スウェーデンボルグの所説をもう少し詳細に見てみよう。彼は霊界での数多くの体験に基づいて、死の実相を次のように報告している。

人間は死ぬと、自然界から霊界へ移ってゆく。その際、地上の肉体は除いて、自分のすべて、つまり個人的な性質に属するすべてを霊界へ携えてゆく。というのは、霊界、つまり死後の生活に入ると、この世の肉体に似た身体を持つからである。この世の肉体と霊的な身体との間には、どんな違いもないように見える。事実、霊界の人々はどんな違いも感じていないのだ。ただ、彼らの身体は霊的であるため、地上的な要素から分離され清められている。しかし、霊的なものが霊的なものに触れたり見たりするときの様子は、自然的なものが自然的なものに触れたり見たりするときと、まったく同じである。そのため人間は霊となったときに、この世で持っていたような肉体を自分が持っていないとは言わないし、また自分が死んだことさえ知らないのだ。

さらに人間は霊界において、この世で享受した外的、内的なあらゆる感覚を享受する。生前と同じように人間は見、聞き、話し、嗅ぎ、味わい、何かに触れればその圧迫を感じる。生前同様、人間は憧れ、願い、渇望し、思考し、熟察し、感動し、愛し、意志する。学究生活を楽しんだ者なら、生前と同様に読み書きをする。ひとことで言えば、人間が一つの生命から別の生命へ、あるいは一つの世界から別の世界へ移ってゆくときに、人間として自らの所有するすべてを携えて一つの場所から別の場所へ移ってゆくようなものである。地上の肉体の死にすぎない死によって、人間が真に自らのものであるどんなものも失うことはないのだ。人間は自らの自然的な記憶〔この世の記憶〕さえをも霊界へ携えてゆく。人間は霊界においても、幼児期のごく初期から生涯の最後の瞬間までにこの世で見、聞き、読み、学び、考えたすべての記憶を保持しているのである。（『天界と地獄』461）

臨死体験と脳死をスウェーデンボルグ的に見れば

ここで、現代の問題になっている生命観について、スウェーデンボルグの死に対する観点から考えてみたい。

一九七〇年代になって、臨死体験者の報告が続々と公表されるようになった。またそれについての研究も非常に盛んになり、多くの研究書が出版されている。欧米の研究者、例えば『生のあとの生』（*Life after Life*, 1975）の著者R・ムーディや、国際臨死研究会会長を務めたK・リングなどは、早くからスウェーデンボルグに注目した。リングは、「スウェーデンボルグは自らの個人的体験を基礎に、現代の臨死体験の発見したものを先取りしている。臨死体験者は死の入口を垣間見たにすぎないが、スウェーデンボルグは死という家全体を探索したのだ」と語っている。

スウェーデンボルグは、そのものズバリの臨死体験の克明な記録を『霊界日記』に残している。いる。それは一七四八年の三月一日から二日にかけて起こった。

今朝、私は臨死の状態に入れられた。それは、死につつある人々の状態や、死後に起こることを知るためだった。私は実際に死んだのではなかったが、肉体の感覚が一種の無感覚の状態に陥った。内的な生命は完全なままだったので、私は臨死の人々に起こることを認知し記憶に留めることができた。（1092）

臨死体験者は幸運にも、死んだ人々ではなく、みなこの世への帰還者である。スウェーデンボルグも同様だが、彼らとの違いは、無数の死者との交流によって、臨死体験の彼方に果てしなく広がる異次元の世界を描写している点にある。

スウェーデンボルグの観察によると、人間は心臓の拍動停止後三日で、生前の意識を回復する。このときから死後の生活が始まるのである。

近年、激しい議論が展開されている脳死の問題と関連づけて、肉体の死についてのスウェーデンボルグの考え方を述べておきたい。

脳死といっても「全脳死」や「脳幹死」の理論があり、その定義はまちまちだが、要する

⑧ **疾駆する草原の征服者** 遼 西夏 金 元
杉山正明
2021年2月刊

⑨ **海と帝国** 明清時代
上田 信
2021年3月刊

⑩ **ラストエンペラーと近代中国** 清末 中華民国
菊池秀明
2021年4月刊

⑪ **巨龍の胎動** 毛沢東vs.鄧小平
天児 慧
2021年5月刊

⑫ **日本にとって中国とは何か**
2021年6月刊
環境・開発・人口の中国史／尾形 勇
中国文明論―その多様性と多元性／鶴間和幸
中国人の歴史意識／上田 信
世界史の中の中国／葛 剣雄
中国史の中の日本／王 勇
日本にとって中国とは何か／礪波 護

天児 慧氏による解説をお読みください！
現代中国を知るための「中国の歴史」全12巻の読み方

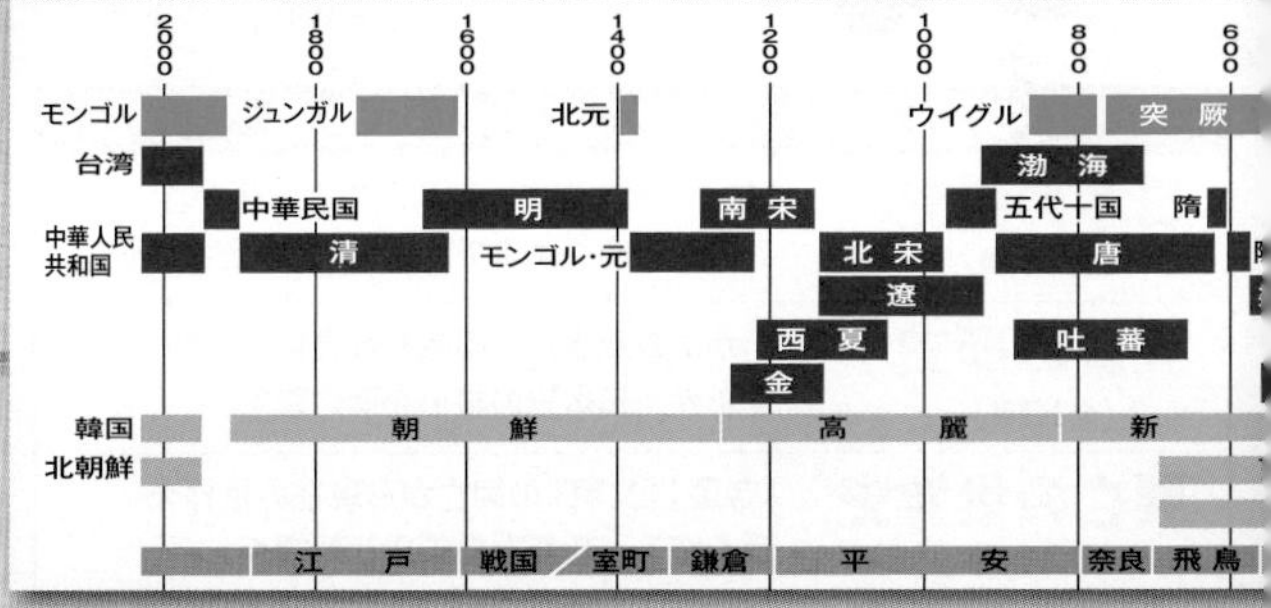

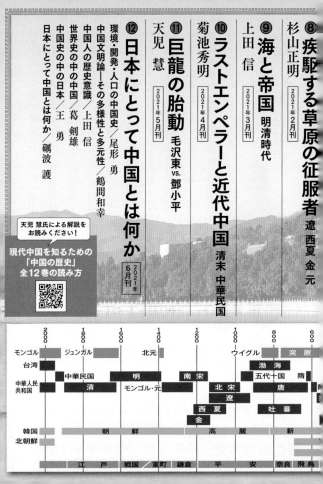

この全一二巻の特徴は、単に「中国通史」であるにとどまらず、各巻の執筆者がそれぞれの問題意識を存分に盛り込んだことにある。歴史学・考古学はもちろん、政治学、文学、思想史などの研究者が、「中国とは何か」という難問に様々な角度から迫った。「大きな中国」には、絶えず「小さな中国」から始まり、多様な文化を包み込んでいく歴史があったことを忘れてはならない。「小さな中国」の「小さな声」を大切にしてきた歴史を振り返ったときに、今中国で起きている人権や民族をめぐる問題への解決の道も見えてくるはずである。

編集委員・
学習院大学教授　**鶴間和幸**

に脳死とは、脳機能の停止＝人格の消滅＝人間の死であるとする医学的主張である。むろんこの場合、心臓は動いている。

スウェーデンボルグは、私たちの肉体の内部には不滅の霊的心身が存在することを明らかにした。霊的な心は、肉体と結合しているときには、人間を人間たらしめる「意志」や「理解力」として現われている。肉体は病気や加齢によって弱り、ついには古びて霊的身体と分離するが、これが死であると考えられる。

彼によれば、「意志」は「理解力」よりも根源的な要素であり、肉体における「意志」の座は心臓、「理解力」の座は肺である。脳に関して言えば、前者の座は小脳、後者の座は大脳である。そして霊的身体もそれ自身の心臓の拍動と肺の呼吸を有し、自然の肉体の拍動や呼吸と「照応」している。

真の意味での肉体の死とは何かについて、彼は次のように明快に論じている。

何らかの病気や事故によって肉体がその霊と一致して活動できないような状態に入ると、分離、つまり死が起こる。そのとき照応が消滅し、それとともに連結が消滅するからである。その消滅は、呼吸が停止するときではなく、心臓の拍動が停止するときに起こる。なぜなら、気絶や窒息の場合や、また母胎内の胎児の生命の状態から明らかなように、心臓が動いているかぎり、愛はその生命の熱として留まって、生命を維持しているからである。

（『神の愛と知恵』390）

この引用から明らかなように、彼は心臓の拍動の停止をもって、肉体の真の死と考える。スウェーデンボルグの見地から死をとらえるならば、臓器移植のために脳死を死と判断することの是非も、あらためて問い直す必要があるだろう。

3　天界と地獄

霊界と自然界の類似と相違

肉体を脱いだ霊的で内的な人間、つまり霊が生きる世界が霊界と呼ばれる。霊界をイメージするのは決して難しいことではない。

そこには自然界と同様に、天空、太陽、月、星、大地、山、谷、平野、海、湖、川があり、森、木立、木、花、草など植物界の一切のものと、獣、鳥、魚、虫など動物界の一切のものとがある。人間は霊的身体にさまざまな色や形の衣服を着た姿で、街や公園や村落を行き交い、社会も形成している。仕事もあれば社交もあり、政治もある。およそこの世に存在するものはすべて存在しているのだ。

しかし霊界と自然界は、見かけは似ていても本質的な相違がある。霊界にあるものはすべて霊的なものであるため、自然界にあるもののように固定してはいない。霊、つまり霊界の人間の各人は、独自の霊的圏域（スフィア、霊気）を有し、これが各自の周囲に霊的な事物を産出している。霊の周囲に展開するものは、すべてその霊の内部から発出している。そのため、ある人間、もしくは人間の集団が、ある場所から立ち去ってどこか他へ移動すると、その周囲のすべての事物も変化してしまう。

A…… 取り巻く山岳地帯
BD… 大都市の上にそびえる山
CE… 立坑
FG… 大都市
HI… 地下室に通じる立坑
KS
MN 偽善者のいた、曲りくねった地下室

スウェーデンボルグの見た霊界の風景（英語版『霊界日記』5291より）（彼自身の描いた図を英訳者が補筆）

しかし、霊界で人間が産出する環境は決して幻影ではなく、生きた霊的な自然である。スウェーデンボルグはこれを「実在的な外観」(apparentiae reales) と呼ぶ。

この世で人間は、自分の思いや願望をそのまま瞬時に外界に現わすことはできない。空間的、時間的に著しい制約を受ける。例えば、これこれの家が欲しいとする。しかしこの世では、心に描いた家が現実に建つには数ヵ月は要する。また、誰かに無性に会いたいとする。だがこの世では、時空の制約があって、瞬時に会えることはない。

霊界には本質的に空間も時間もない。霊界では空間に代わって生命の「状態」があり、時間に代わって生命の「状態の変化」がある。そのため、生命の「状態」である霊の内部の想念や感情が、霊自身の周囲に、その想念や感情に「照応」した生きた霊的な自然物を瞬時に産出する。内部の「状態の変化」が起これば、その外部の状況も変化するか消失する。

こうしたことは、個人でも集団でも同じように起こる。ある共同体が現われたり、移動したり、消えたりする。「霊界で起こる移動は、すべて内部の状態の変化に由来し、移動は状態の変化にほかならない。場所の接近は内的な状態の類似性を表わし、隔たりは内的な状態の相違を表わす。したがって、似た状態にあれば近くにあり、相違した状態にあれば隔たっているのだ」(『天界と地獄』192・193)。

霊界の階層構造と「照応」

霊界は広大無辺の生動的な異次元宇宙であるが、人類の発生以来、地上で生まれて死んだすべての人間がここに生きている。そこは、地上の世界と同様の法則によって成り立つ世界である。スウェーデンボルグは霊界全体の構造を推理する際、該博な解剖学・生理学の知識を駆使している。

霊界全体が理想的な形態をとるときには、ひとりの人間の形態となるという。それは「最大にして神的な人間」(Maximus et Divinus Homo) である (『天界と地獄』59) とスウェーデンボルグは言う。霊界における各社会は、ひとりの人間、あるいはひとつの人体のように有機的な全体の一部であり、バラバラな部分ではなく、全体にとって不可欠な部分なのである。

霊界は、人間の心が成層的な構造を有するように、やはり成層的な構造をしている。死後の世界は、人間の宗教的・道徳的性格 (愛や信仰、また善や悪) を縦軸とし、個性や好みを横軸として幾層にも住み分けられている。

類は類を呼び、類が異なれば反撥し合うため、善と悪は究極的に分離する。そのため、霊界は天界と地獄に分離している。天界と地獄との中間地帯もあり、そこは「霊たちの世界」(mundus spirituum) と呼ばれる。天界と地獄は、それぞれが大きく三つの層に分かれている。

霊界と自然界との関係だが、両界は「連続的な階層」(gradus continui) ではなく、「不連続的な階層」（gradus non continui）ないし「照応」（correspondentia）によってつながっている。

「連続的な階層」とは、明暗・濃淡・寒暖のように、同一の事物の増減の度合いのことである。これに対して「不連続的な階層」とは、例えば心と体のように、実在の次元を異にする事物間の関係を示し、先在と後在、原因と結果、産出するものと産出されるものとの間のつながりを言う。この階層を持つ事物は、その構成要素がおのおの分離し不連続のように見えるが、実際は一つの有機的全体を構成しているのである。

「照応」とは、本質的に「不連続的な階層」と同じだが、スウェーデンボルグの思想を特徴づける最も有名な術語となっている。これは、実在の階層を異にする事物、例えば霊的事物と自然的事物との間の、因果的かつ機能的関係を指す。ある自然界の物体・活動・現象が、ある霊的なものの結果として生起し、これに反応・適合・呼応・類似するとき、これら二つのものは照応すると言われる。

卑近な例を挙げれば、私たちが「愛とは温かい心だ」と言う場合、愛という一つの心的過程を、階層を異にする物理的な熱という言葉で語ることになる。これは、もともと愛と熱が「照応」しているからである。あるいは「不連続的な階層」によってつながっているからである。この例では単なる比喩や象徴とも考えられようが、スウェーデンボルグの照応の概念は、もっと存在論的な概念である。

自然界は霊界の固定的で不活性な複製《レプリカ》である。霊界は自然界の原因としての先在的世界、自然界は霊界の結果としての後在的世界である。つまり霊界は、自然界に存在するすべてのものの根源、生命、力、エネルギー等々として、生動的な異次元宇宙を構成している。

スウェーデンボルグはその著『神の愛と知恵』（一七六三年）で、『原理論』を踏まえた、神による宇宙と人間の創造論を展開している。それによると、霊界の創造は自然界の創造に先立ち、霊界は自然界を内部から不断に維持している。霊界によって生気づけられなければ、自然界すなわちこの世の宇宙は「無限の死体」にすぎないのである。

「霊たちの世界」で起こる「剥脱」

死後三日して人間は「霊たちの世界」に入る。ここは天界と地獄との中間領域に位置し、上層ないし内部から来る「善」と、下層ないし外部から来る「悪」との霊的な均衡によって存立する世界である。生前、聖人君子でもなく、極悪でもなかった人間はみな、この世界に入る。ここは天界か地獄へ往《ゆ》くいわば通過点だが、ここに滞在せずに天界か地獄に直行する霊もいる。

眠りからさめるように意識を回復した霊は、案内役の霊たちの手ほどきを受けて新世界へ第一歩を踏み出す。新参の霊は最初、無垢・敬虔・平安といった赤ん坊のような純粋な意識に留め置かれるが、やがて生前と酷似した環境が自分の周囲に展開する。誰にも強制されることなく霊は自由に活動し、自分の好みに合う他の霊や霊の社会と交流する。

しかし、「霊たちの世界」はそれなりの秩序によって成り立つ共同体であるから、個人として限度を超えた振舞いができるわけではない。ここに一つの重大な問題が生じる。

先述したように、霊界は心の内部が直接、外部に流れ出て、霊の周囲に独自の環境を産出する世界である。これは、霊界では心の意図や思いを隠せないことを意味する。この世では心で悪意を抱いても言葉や行動でこれを隠して善意を装うことができるが、霊界では、思考と言葉、また意図と行動は必ず一致することになる。

「霊たちの世界」とは、このような一致の法則が徐々に自覚されるようになる世界であり、この過程で新参の霊は少しずつ自分の本性を顕《あらわ》にしてゆく。

スウェーデンボルグは、人間の真の性格を決定づけるのは、各人の「優勢となった愛」(amor regnans)だと考える。愛とは、意欲・意志・情愛・感情・情動などの総称であり、知性的な機能よりも根源的なものである。

彼によれば、愛は四つに大別される。「神への愛」「隣人愛」「世俗愛」「自己愛」がそれである。神を信じて神の戒《いまし》めを守り、隣人愛を実践することが、神への愛である。広く社会や国家、さらには人類へ向けられた愛が隣人愛であり、富・名誉・地位などへの執着が世俗愛、いわゆるエゴイズムが自己愛である。

この世では、野心に燃える政治家が国家のためといって私腹を肥やしたり、内心は嫉妬に満ちているのに世間体を気にして友情を装ったりすることができる。霊界ではこうした隠しだてが徐々にできなくなり、心の表層にある仮面が剝げ落ちて心の深層が顕になる。

いま挙げた例とは逆の場合もある。心根は善良なのだが、たまたま悪い環境に身を置いたために悪に染まり悪いこともしたものの、それを悔いている、といった場合には、霊界では心の善良な深層が表に出るのである。

スウェーデンボルグは、悪人から表面的な善が、善人から表面的な悪が剝がされて内部が明らかになる過程を「剝脱《はくだつ》」（vastatio）と呼ぶ。それは、人間が生前に形成した本当の性格が顕になる過程であり、霊となった人間は自由意志によって自らのいちばん居心地の良い場所を求める。

こうして、「優勢となった愛」が衝き動かす自由によって、善人は天界へ、悪人は地獄へと向かうのである。この過程に関与する唯一の者は自分自身であり、地獄に落とす審判者も、何らかの教条的な「信仰」や呪文で悪を抹消し天界へ引き上げる絶対者もいない。

このような考え方は、チベットやエジプトの『死者の書』の思想や、キリスト教の「煉《れん》獄《ごく》」の思想とは一線を画する。ただ浄土教の教典『無量寿経』には、一種のエゴイズムが自らを地獄に落とすという自己審判の思想が色濃く出ており、その点、スウェーデンボルグの思想に類似している。

「天界」と「天使」たち

人類は相互に愛し信じ合える理想的な世界を夢見て、そうした世界をユートピア、地上天国、桃源郷などと呼んでいる。スウェーデンボルグは、人類が創られた目的は、人類の永遠の生と幸福が実現される天界の創造にほかならないと言う。天界こそは人間性のあらゆる理想が実現される、永遠に続く至福と平安と美の世界なのである。

善の実践や真理の認識の度合いによって、天界は三層に分かれ、また各層は無数の共同体に分かれてはいても、国・宗教・信条・個性といった、生前、偶然的に与えられた外面的条件には一切関係なく、真の意味での善人はすべて天界に入る。これがスウェーデンボルグの説く、普遍的な宗教教説である。

天界に住む人々は「天使」と呼ばれるが、翼の生《は》えた神話的な天使がいるわけではない。すべての天使は、かつて地上で生まれた人間である。

天使たちは相互扶助の社会を形成し、職業も持っている。結婚もあれば家庭もある。天使とはいえ有限な人間であることに変わりはないから、時にはエゴが顔を出し、憂鬱な状態も味わう。しかし、そこには絶えざる努力による精神的な向上がある。天使の周囲に広がる世界は、純粋な愛と英知とが投影された霊的な生きた自然であるため、想像を絶する美に満ちている。

天界にいる者たちの言語に絶した知恵や幸福に関して言えば、彼らは眼前に見るあらゆる対象の中に、自らの内部に表象される神的で天上的な事物を見ている。それゆえに彼らが外部の対象に視線を注ぐときには、彼らの心は内なるものの中に、つまり神的なものの中に留められることになる。眼前に現われている対象の中に彼らは、自らが連続して表象するものを見ている。例えば、眼が青々とした草木を見ると同時に、心は神的な知恵に関連する一連の驚くべきあらゆるものを、一つの複合体として見るのである。これらを彼らは眼で見ると同時に心で認知する。かくして彼らは、内的な喜びと外的な喜びとを同時に覚える。愛は万物を、全体的にも個別的にも照り輝かせるのだ。

（『霊界日記』5153）

天界の全体は一つの普遍的な人体の形態をとって存続する。それゆえ、有機的な人体の各部位が協力し合うように、天使たちの相互的な愛が天界を生かす原理となる。「愛とは、自らを他者に与えようと願うことであり、自己ではなく他者に仕えることに喜びを感ずることである。こうした者が多くいるとき、そこに相互的な愛が生まれる」（『霊界日記』3530）。

スウェーデンボルグは天使の言語についてこう述べている。

全天界で天使はみな同一の言語を持つ。彼らはどの社会に属していても、みな互いに理解し合っている。天界の言語は学ばれるものではなく、各自に生まれつきそなわっており、彼らの情愛と思考そのものから流れ出ている。彼らの話し言葉の音調はその情愛に照応し、音が分節化した単語は、情愛から発する思考の観念に照応している。こうした照応ゆえに、言葉そのものが霊的である。なぜならその言葉は、情愛の響きであり、思考の語りかけだからである。

（『天界と地獄』236）

天界についての描写は多すぎて、その一部分でも十分に紹介することができない。最後に、死をも超えて存続する生命の讃歌とも言える一節を取り上げておこう。

天界に住まう者たちは、生命の春に向かって絶えず前進している。彼らは何千年であれ、年齢を積み重ねて生きれば生きるほど、ますます歓喜に満ちた幸福な春へと前進し、これが永遠に続いてゆく。年老いたり老衰で世を去った女性でも、主への信仰を持ち、隣人を愛し、夫との幸福な結婚の愛に生きたならば、天界で年を経るにつれて、青春の花盛りだった頃の美を回復し、地上で見られるどんな美の概念をも凌駕する美へと前進してゆく。善意と愛こそ、この美の形態をとらせるものである。ひとことで言えば、天界で年をとることは若返ることなのだ。

（『天界と地獄』414）

「地獄」とそこに住む霊たち

地獄には、閻魔《えんま》大王も鬼も悪魔《サタン》もいない。スウェーデンボルグは、地上に人間として生まれなかったどんな神話的存在も、霊界の存在として認めない。霊となった人間の「自己愛」と「世俗愛」という霊的に転倒した生命こそが、地獄を生み出すのである。

地獄の霊たちは、「恐ろしい形相《ぎょうそう》をし、生気を欠き、死人のようである」(『天界と地獄』553)。彼らの内面には、憎悪、傲慢、復讐心、殺意、虚偽、虚栄、欺瞞《ぎまん》、淫欲、不節制、支配欲など、あらゆる悪が充満している。

地獄の霊たちは誰に強制されたのでもなく、自ら好んでここに落ち着き、ここを最も居心地の良い世界だと思っている。霊界では、「優勢となった愛」がいつも彼らを内部から衝き動かしているからである。

とはいえ、人間であるかぎり彼らも自分ひとりで生きられるわけではない。この世でもそうだが、彼らは彼らなりの秩序がある社会に生きている。しかし地獄の社会は、エゴイズムとエゴイズムが共働する奇妙な世界であるため、支配と被支配の繰り返しであり、悪人同士が悪で悪を罰し合うという構図が出来上がる。

こうしたせめぎ合いに疲れ果てて、彼らはいっときは地獄にいる自分を嫌悪するかもしれない。しかし自己愛や世俗愛が変わらないかぎり、たとえ天界の社会に行っても、やがて反感を抱いて自ら地獄に帰ってくる。

地獄の霊の性質や地獄の光景について、スウェーデンボルグは次のように描出している。

「地獄の火」とは、自己愛や世俗愛に源を発する欲望と快感のことである。これらの愛から流れ出る悪とはすなわち、他人への蔑視や、自分に味方しない者への憎悪や敵対心である。また嫉妬や憎しみ、復讐心であり、ここから生じる残忍と冷酷である。さらに、神に対する否認、侮辱、嘲笑、教会の聖なるものへの冒瀆《ぼうとく》である。死後、人間が霊となると、こうした悪は聖なるものへの怒りと憎しみに変化する。そうした悪は常に、自分が敵と見なす者や、憎しみと復讐心の対象とする者を破滅させ抹殺しようとする意図をはらんでいるので、破壊と殺人こそが悪の生命にとっての歓喜となるのである。それが不可能なときは、危害を加えたり、中傷したり、残酷に痛めつけようとしたりする。こうしたことこそ、悪や地獄に関して聖書が「火」によって意味するところのものである。（『天界と地獄』570）

「地獄の歯ぎしり」とは、虚偽を言い張る者たち同士の絶え間ない口論と争いのことである。そこには他人への軽蔑、反目、嘲笑、愚弄、罵詈《ばり》雑言《ぞうごん》が飛び交い、それらがさまざまな種類の中傷へと発展する。なぜなら、誰もが自分の虚偽を守って戦い、虚偽を真理だと言い張るからである。こうした口論と争いが、地獄の外側では歯ぎしりのように聞こえるのである。

（『天界と地獄』575）

地獄の中を覗き込んで、その内部がどんなふうであるかを見ることも私に許された。ある地獄は岩山の洞穴か空洞のように見えた。それはずっと奥まで続いており、奥のほうで斜めか垂直に深淵へと下降している。ある地獄は森の野獣の住む洞穴のように見える。ある地獄は鉱山の坑内にある中空になった所や通路のように見え、そこにはさらに下へ通じる穴もある。

大火事の後の家並や街の廃墟のように見える地獄もあり、そこに地獄の霊たちが身を隠して住んでいる。もっと穏やかな地獄には粗末な小屋が見えるが、街路や路地で区分けされた街に建つ小屋もある。小屋の中では、地獄の霊たちが絶えず口論したり憎み合い、つかみ合ったり殴り合ったりしている。街路や路地では強盗や略奪が横行している。またある地獄は、むかつくような売春窟そのもので、ありとあらゆる汚物や排泄物であふれている。薄暗い森もあり、そこを地獄の霊たちは野獣のようにうろついている。そこにはまた、他の霊たちに追われた霊たちが逃げ込む、地下の巣窟がある。

（『天界と地獄』586）

生命の「状態」としての天界と地獄

スウェーデンボルグは天界と地獄を、場所ではなく生命の「状態」だとも言う。この世で生きている私たちの生命の「状態」は、常に天界と地獄から来る力の絶妙なバランスの上に構成され、そこから善悪のいずれをも選べる自由意志が生み出されると言う。

この世に生きる人類に不断に注ぐ天界と地獄からの霊的な「流入」について、彼は次のように述べている。

使者としての霊たちを通して、地獄からの絶え間なき流入があり、他方、天使たちを通して、天界からの流入もある。天使たちは地獄からの流入を絶えず抑制して、これを脇へそらそうと努めている。しかし天使たちが流入するのは、人間に刻印されている信仰の真理や仁愛の善の中へである。それゆえ、もし人間がそうしたものを持たず、またそうしたものを顧慮しないなら、天界からその人間にはどんな援助も与えられず、その人間の思いは地獄によって、流れにさらわれるようにさらわれてしまう。その際に主は、「外なる拘束」と呼ばれる人間の外なるものの中へ、天使たちを通して働きかける。外なる拘束とは、富・名誉・生命・名声などの喪失を恐れて〔たとえ外面だけであるにせよ〕人間が善く生き、隣人に悪を働かなくなるような拘束のことである。こうして、人間は外面的な拘束によって支配されるのである。

（『霊界日記』4611）

スウェーデンボルグの考えた輪廻転生

本章の最後に、輪廻転生《りんねてんしょう》に関してスウェーデンボルグがどう考えたかを、簡潔に述べておこう。

受胎によって両親の霊魂の枝分かれとして新たに創られる人間の霊魂は、いったん創られると不滅であり、死後も人間は完全な霊的身体を持って、霊界で永遠に生きる。したがって、霊となった人間がこの世へ帰還して何かに生まれ変わるということはありえない。

しかしスウェーデンボルグは、一般に輪廻と呼ばれる現象のような霊的現象が、時おり起こることがあると言う。

それは、霊界で一〇〇年も一〇〇〇年も生きている霊が、何らかの理由で自分の記憶を地上の人間の記憶に入り込ませることによって起こるという。地上の人間と霊とは、双方が無意識のまま「照応」によって交流するのが普通であるが、突発的な事態、つまり一種の憑依《ひょうい》が起こるとき、取り憑いた霊の過去の記憶が、取り憑かれた人間自身の前世の記憶のように、当の人間には思われるのである（『天界と地獄』256）。

以上概観したように、スウェーデンボルグは、自分のおびただしい霊的体験という横糸に、該博な科学的知識という縦糸を通すことによって、壮大な独自の霊的思想を織り上げた。そしてこの思想は、キリスト教の革新と「普遍宗教」の復元へと向かうとき、さらに健全で生産的な宗教思想として結実するのである。

第四章　「創世記」を読み直す

1　天地創成の六日間

徹底した聖書研究

本章では『天界の秘義』第一巻で扱われる、スウェーデンボルグによる「創世記」の解釈を紹介する。

聖書は世界的なベストセラーである。聖書の最初の巻が「創世記」であり、数ページ足らずのその第一章に神による宇宙の創造が記されていることは、誰もが知っている。しかしその解釈となると、古来、千差万別である。

天地創成をめぐる聖書の記述は神的な霊感を吹き込まれて書かれた神のことばだという主張に対して、多くの異議が唱えられている。聖書の記述は地質学や進化論と矛盾するという説、その神話はバビロニアの創成神話の焼き直しにすぎないという説、さらには、文献批評によって聖書の歴史的検証を重んずる「高層批評」による原資料の寄せ集め説など、論争は絶えず、聖書の権威は揺らいできている。

スウェーデンボルグは科学者から神学者に転身したが、厳密に言えば、聖書神学者になったのである。独自の霊的体験も彼の神学に反映してはいるが、彼はあくまでも、基本的には聖書を典拠にして議論を展開している。そして前述したとおり（八五、八六ページ参照）、彼の聖書研究は徹底したものであった。

ここでは「創世記」冒頭の、天地創成、エデンの園、人類の堕罪の各神話に焦点を絞って、彼の聖書解釈を考察しよう。

「照応」によって書かれた「聖言」

スウェーデンボルグによれば、バベルの塔の神話を扱う「創世記」第一一章までは、「創世記」の他の章から本質的に分離した、原聖書とも言うべき人類最古の宗教文書である。それはモーセが書いたものでも、複数の原資料を編集したものでもなく、先史時代から伝承された啓示的な文書である。それが書かれた年代は特定されていないが、スウェーデンボルグは、旧約聖書の他の部分とは別系統の、それよりもずっと古い文書だと言う。

彼は聖書と「聖言」とを区別する。「聖言」とは、純粋な「照応」で書かれた神的な宗教文書である。純粋な照応で書かれた文書には、字づらの意味や歴史的な意味の奥底に、内的で霊的な意味が必ず存在している。旧約聖書中、聖言でない聖書の巻は、「歴代誌」「エステル記」「ネヘミヤ記」「箴言《しんげん》」などごく一部だが、新約聖書では、四福音書と「黙示録」以外はすべて聖言ではないとされる。使徒の手紙類は、パウロのものも含め、「有益な宗教文書」ではあっても聖言とは見なされない。

聖書の外典と偽典の存在や、カトリックとプロテスタントの聖書の巻数の差違を考えれば、そもそも聖書たる規準は何かという議論は当然生じる。それにしてもスウェーデンボルグの言明は、あまりにも大胆である。しかし、この問題にここでは深入りしない。

GENESIS. CAP. XII. & XIII.

CAP. XII.

CAP. XIII.

ラテン語聖書「創世記」へのスウェーデンボルグによる書き込み

「創世記」はむろん聖言であり、特にその第一一章までは最古の聖言である。その部分の文体は、当時よく使用された、純粋な照応の知識に基づく文体になっている。

こう彼は言う。

聖書を集中的に学び始めた頃、敬虔なキリスト教の科学者として、スウェーデンボルグは『神の崇拝と神の愛』において創成神話を科学と一致させようと試みている。しかし彼は、自然的な真理と霊的な真理との成層的な関連を解明する「照応の理説」を確立してからは、これを聖言に内蔵された霊的意味を探る際に適用するようになった。

聖言の字義、つまり表層的な意味を超えて、聖言の意味の核心に迫るには、彼の霊的体験も不可欠な手段であった。なぜなら聖言の内部に浸透するためには、深い呼吸法と結びついた瞑想や思索が必要だったし、また霊界で見聞する個々の現象が自然界のどういう現象と関連するのかという観察も必要だったからである。

「新生の心理学」としての「創世記」

彼によれば、「創世記」の作者たちは霊界と自然界とが全体的にも個別的にも照応することを熟知しており、自然界の現象、出来事、さらには歴史をさえ素材として、霊的で宗教的な教訓や教説を、照応の体系的な知識に厳密に基づく独特の文体で構成していった。だから天地創成神話についても、神による宇宙や人類の創造という主題だけを扱おうとしたものではなく、もっと明確な宗教的意図のもとに書かれたものであるという。その意図とはつまり、一つは、生物学的な「ヒト」から霊的な「人間」へと新生してゆく人類の霊的な進化のプロセスの叙述であり、いま一つは、霊的な新生へと向かう個人の精神的な成長のプロセスの叙述である。

古代の作者はこの目的を果たすべく、表現手段として天地創成という「物語」の形式を意図的に採用した。初めからこうした目的があったのだから、後世の人々が作者の科学的知識の未熟さを批判するのは的はずれであり、その記述が進化論と一致するとかしないとかいう議論も意味がない。スウェーデンボルグは聖言の書かれた目的を明確に規定している。それは、神、信仰、愛、永生、罪、救い、霊的生命といった、人間の宗教生活に必要な事柄を啓示することである。

聖書の「高層批評」は、聖書をバラバラな資料の寄せ集めだとして、聖書の権威を歴史的に相対化している。一方、聖書に書かれた一語一句が神的霊感を吹き込まれていると主張する、聖書の逐語霊感説をとる根本主義者《ファンダメンタリスト》は、字づらの意味を絶対化して譲らない。スウェーデンボルグはこのどちらの態度もとってはいない。

彼は聖書の権威を聖言に限って承認し、聖言は純粋な照応で記されたがゆえに神のことばであると考えた。しかしそれは同時に、古代の賢人たちの最高の霊的な英知の所産でもあると、彼は考えた。それゆえ、以下に詳しく見るように、聖言は正しく読めば人間の理性で納得できるものであることを、スウェーデンボルグは明らかにしている。

結論を先取りすると、「創世記」の第一章と第二章は、個々の人間と類としての人間の新生へのプロセスを扱う、最古の宗教心理学であると言えよう。筆者はこれを「新生の心理学」ととらえ、聖書と『天界の秘義』を対照させせつつ、詳述してみたい（なお、聖書からの引用は、日本聖書協会編の一九五五年改訳版に従うものとする）。

虚無の深淵と、光の創造――一日目

「創世記」冒頭の、神が最初に創った「天と地」は、私たちが頭上に見ている空や、足下に踏みしめている大地のことではない。スウェーデンボルグの解釈する霊的な意味に従えば、「天」とは「内なる人間」ないし「霊的な心」である。これは人間が先天的に持っている霊性や宗教性であるが、必ずしも意識化されるとは限らない。一方、「地」とは「外なる人間」ないし「自然的な心」であり、世俗的で非宗教的な意識である。

人間を真に人間たらしめるのは「内なる人間」である。「外なる人間」は、いわば粗野な自然状態に置かれた、霊性を欠く人間である。スウェーデンボルグの前提は、人間は人間として生まれるのではなく、人間は人間に成ってゆく、というものである。

経験的に観察される「外なる人間」は、「自己愛」と「世俗愛」、つまり自己中心性、感覚的なものへの傾き、単なる知識への偏向、所有欲、支配欲などに染まっている。そのため「内なる人間」は、無意識の領域に潜在したままになっている。そこで、そうした人間の日常的な意識の大部分を占める自己中心性や世俗性、自然性を、聖書は「地は形なく、むなしく、やみが淵のおもてにあ」った（「創世記」第一章第二節）と語り出すのである。

スウェーデンボルグは、創造の七日間を、人間の新生の連続的な七つのプロセスと解釈する。右に述べた状態は、人間が新生に向かう以前の状態である。したがって、この「外なる人間」の粗野な状態は改善される可能性がある。それが、「神の霊が水のおもてをおおっていた」（「創世記」同節）という一文の意味である。これを現代的に述べるなら、人間の表層的な意識の奥には「超個的な中核」があり、それが人間の救いの究極的な根拠として働いている、ということになろう。スウェーデンボルグはこの第二節を、「めんどりが翼の下にそのひなを集めるように」（「マタイによる福音書」第二三章第三七節）人間の粗野な心を覆い包む神の慈悲を語っている、と解釈する。

第三節は光の創造である。「神は「光あれ」と言われた。すると光があった」。

自然の光に照応する霊的なものはよく知られている。光が象徴するのは、知性、内なる照示、無意識の意識化などである。新生の最初のプロセスは、内部に隠れていた霊性や宗教性が自覚され、この自覚が自己中心性や世俗性を退かせる過程である。これが光と闇の分離である（「創世記」第一章第四・五節）。自然的にはそれなりに生きていたものの、霊的にはほとんど死に瀕していた、虚無の混沌の中にあった「外なる人間」に、救いの一条の光が射し初《そ》めたのだ。この光は「外なる人間」にとってはかぼそい光だが、それは神の無限の愛から発する光である。

自己や世俗に関わる意識の後退は誰でも時おり経験する普遍的なことである、とスウェーデンボルグは言う。こうした状態は、不幸、悲嘆、試練、病気などの際によく起こる。そのようなとき、身体や世間的なことに関わる意識がいわば静止し、死んだもののようになるからである。

このとき自覚されるようになる内的なものを、スウェーデンボルグは「残されたもの」(reliquiae)と呼ぶ。それは、人間が幼少の頃から心の奥底に蓄積してきた、無垢、善良さ、愛といった内なる情愛である。「幼児のまわりには天国がある」とイギリスの詩人I・ウォッツ(一六七四―一七四八年)は謳ったが、失意や病気の際に私たちは幼い頃への郷愁にかられ、ある種の清浄で敬虔な感情に浸ることがある。それは、「残されたもの」が神によって無意識裡に「内的な記憶」として蓄えられているからだ、とスウェーデンボルグは言う。

天の上下に分けられた水――二日目

創造の二日目は「水」が主題になる。前後の文脈による微妙な違いはあっても、スウェーデンボルグは聖書全体にわたって「水」を、理解力・知性・知識に関わるものと解している。「創世記」第一章第六―八節を要約すれば次のようになる。

水の真中《まんなか》に天と呼ばれる広がりがあって、この広がりによって水が上下に分けられた。

(ここは、『天界の秘義』のスウェーデンボルグの訳に従う)

この個所の「天と呼ばれる広がり」は「大空」とも訳されるが、この記述はいったい何を意味するのだろうか。新生への次の段階は、「残されたもの」という内なる情愛の意識化である。この内なる情愛を意識にもたらすのが、「天と呼ばれる広がり」によって意味される「合理的なもの」である。

「合理的なもの」とは、スウェーデンボルグによれば、「自然的なもの」と「霊的なもの」との中間にある、啓発的な知性機能であり、合理性の能力とも呼ばれる。この能力が光によって照らし出されると、人間が自分の「自然的なもの」である低次の自我から、それを超えた「霊的なもの」である高次の自己を区別することができる。別の言い方をすれば、「水が上下に分けられた」とは、新生以前には「聖」（宗教性・霊性）も「俗」（自己中心性・世俗性）も峻別できなかった人間が、合理性の能力の活性化によって心の成層的な構造をはっきりと知ったということである。

合理性の能力は、いわゆる理性と必ずしも同義ではない。デカルト以降、理性は近代的自我を支える基礎的な概念となったが、スウェーデンボルグは理性を「混成された知性」と呼ぶ（六九ページ参照）。理性は心的な機能の全体の中で、中間的な位置しか占めていない。理性の「階層」は、最内奥ないし最高の霊的な「階層」と、感覚や感覚経験に由来する自然的な「階層」との間隙に存在している。このように、理性の上方ないし内部に、理性を超えた心の領域である「霊的なもの」を認める点で、理性そのものを心の根源的な中核と見なす近代哲学とスウェーデンボルグの心の理解は異なっているのである。

さて、低次の自我に固有なものとは、感覚や記憶に属する、家庭や学校や社会で学ばれた知識であり、これは身体の維持や社会生活に役立っている。これが、合理的なものの外側、あるいは理性の下方にある、「広がりの下の水」が意味するものである。

一方、「広がりの上の水」とは、合理的なものの内側、つまり理性の上方から理性へ流れ込む、宗教的で啓示的な知識のことである。スウェーデンボルグの言葉でいえば、この知識は、霊的な心に属する「善」や「真理」である。この知識は「内なる道」によって人間の心に入ってくるもので、感覚経験からくる知識のように「外なる道」によって得られるものではない。

地に生える青草――三日目

創造の三日目には、「下の水」がやがて「かわいた地」と「海」とに分けられ、「地」には植物が生える（「創世記」第一章第九―一三節）。ここで「地」とは、理性的な思考や内省が始められることによって、低次の自我の中へ徐々に浸透してくる宗教的、霊的な知識を意味する。この知識を土台にして、新生への過程は進展してゆく。

地から植物が生えるのは、この過程で一つの成果が生み出されるからである。しかし、ここで生える植物はまず「青草」である。これは、生み出された成果がまだ未熟な段階のものであり、霊的な内実の十分にそなわっていないものであることを示唆している。

宗教的な意識にめざめたばかりの人間の心理状態は、実際こうしたものである。何らかの信仰や信念を得てまもない人は、宗教や教説の本当の深い意味を十分に咀嚼《そしゃく》しないまま、教えられるままに語ったり行動しがちである。そこには一種の強制感や義務感がつきまとい、言動は粗削りでぎこちない。これは、自己愛や世俗愛が真理や隣人への愛に抗う、葛藤の状態である。したがって、そうした状態から生まれる善は、すぐあとに出てくる、実を結ぶ果樹や、五日目に創造される動物のように生き生きとした善ではなく、あくまでも「青草」にたとえられる、まだ未熟な善である。

スウェーデンボルグは宗教的信仰の内面化のプロセスを、「単なる知識の信仰である、記憶の信仰」→「理知的な信仰である、理解力のうちにある信仰」→「愛の信仰ないし救う信仰である、心情のうちにある信仰」と図式化している（『天界の秘義』30）。

二つの光と星の創造――四日目

新生の第四のプロセスに照応する創造の四日目に、神は「大きい光」と「小さい光」と「星」を創った（「創世記」第一章第一四―一九節）。

新生とは、人間の心の中に霊的な生命が漸次的に吹き込まれてゆく、いわば霊的な創造の過程である。その進展につれて、自己や世俗のみを目的とする、肉に属する古い生命は克服される。内なる理性の声を聞き自分の低我の衝動に打ち克つとき、心は生ける愛の熱を実感し、内なる高次の生命の実在を確信し始める。

新生のこの段階で出現する「大きい光」とは、内なる宇宙に輝く太陽、すなわち「愛」である。宗教的生活が内面化すればするほど、強制感からなされる行為は減って、内なる心情からなされる行為が増す。これを促すものが愛である。そして愛の内に住まう心は、無限の愛である神の内に安らうのである。つまり、「大きい光」の創造とは、内なる愛への覚醒を意味するのである。

一方、「小さい光」は月である。スペインの聖人と呼ばれたカルメル会の神秘主義者、十字架の聖ヨアンネス（Juan de la Cruz）（一五四二―九一年）が適切に表現したように、新生への途上には、「霊魂《こころ》の暗夜」もある。有限な人間はいつも愛に感動していられるわけではなく、しばしば苦悩し闇の中をさまよう。こういうときに必要なのが、暗夜を照らす月明かり、すなわち「信仰」なのだ。スウェーデンボルグはこの「小さい光」を信仰と解している。

「星」は、スウェーデンボルグによれば、霊的で宗教的な知識を全般的に意味する。恒星は元来、太陽であるけれども、はるか遠方から来る光のために月よりも小さく見える。それでも無数の星が暗夜の天空にちりばめられている。星の象徴するものはこの場合、民族であれ個人であれ、万人に対して遠い時代から伝承されている普遍的な霊的知識である。それは、国や宗教や時代を超えて万人の良心に流れ入る、「神が存在する」「人間は悪を慎み善をなさねばならない」「盗みや殺人は悪い」などといった、ごく基本的な、しかしそれなしでは人間の霊的な生活が瓦解してしまうような知識である。

人間が自己中心性や物質的で感覚的なものへの惑溺《わくでき》、世俗への執着を徐々に脱ぎ棄て、隣人愛や善の実践によって無限の愛である神の愛にめざめるということは、人間が心の奥底に、「愛」と「信仰」という二つの光から発する生命的な熱と光を受容することにほかならない。

スウェーデンボルグは、「愛」を天的原理、「信仰」を霊的原理と呼ぶ（『天界の秘義』83）。天的原理は、人間の心の意志的で情緒的なレベルに属する根源的な生命原理であり、霊的原理は、心の理解力や認知力のレベルに属する派生的、二次的な生命原理である。

動物の創造――五日目

創造の五日目に、神は水や海に棲む生き物や空を飛ぶ鳥を創った（「創世記」第一章第二〇―二三節）。

新生の第五のプロセスでは、愛と信仰という生命の二大原理によって心の中へ生きた善や真理が豊かに吹き込まれる様子が活写される。動物たちの意味するものは、宗教的な内省や実践によって獲得された知識であり、この知識が愛と信仰の原理が浸透してゆく基盤を形成する。以前の知識はまだ、生きているとは言えない、記憶にのみ属する知識だったが、今やそれは愛と信仰によって霊化され生命を帯びるのである。

三日目に創られた植物群と違って、ここで生み出されるのは動物である。植物が生長という単純な運動しかしない生命を持つのに対して、動物ははるかに多様な生動的な生命を持っている。魚は、低次の自我へ浸透してきた、一種の初期的な宗教的情愛の動きを象徴するが、やがてこれは、陸上生活もできる爬虫類《はちゅう》にもなってゆく。

爬虫類とは、イヴを誘惑した蛇がそうであるように、人間の「感覚的思考」の象徴だとスウェーデンボルグは言う。感覚に密着した思考は多くの錯覚や迷妄を有し、事柄の真偽の判断を誤らせることが、よく知られている。

鳥類は、知性に属するものを表わす。鳥のあの鋭く光る眼や、空中を自由に飛翔する特殊な能力は、感覚の束縛を断ち切った自在な思考能力を連想させる。

いずれにせよ、新生のこの段階で起こるのは、生命の二大原理が「内なる人間」から「外なる人間」に浸透し、「外なる人間」も生動的な生命を帯びてゆくプロセスであり、この生命がさまざまな動物たちによって表わされているのである。

ここで、三日目に生み出された植物に照応する善と、五日目の動物に照応する善との差違を、もう少し詳しく考えてみたい。

スウェーデンボルグの教説の一つに、人間は「自らによるものとして」自分の力で悪を避け善をなさねばならないが、それでも善は自分自身に由来せず、神にのみ由来することを信じなくてはならない、というものがある。一見、何でもないような教説だが、その含蓄は深い。なぜなら、絶対自力でも絶対他力でも達成できない、宗教的な善の微妙な本質を言い当てているからである。

スウェーデンボルグによれば、三日目の段階まで新生した人間は、「悔い改めの状態の中で内なる人間によって敬虔に信仰的に語り、仁愛の業《わざ》のような善を生み出す。しかしその善は、当人が自分自身から発していると考えるため、生きていないものである。こうした善は「青草」「種をもつ草」と呼ばれ、あとでは「種のある実を結ぶ果樹」と呼ばれる」（『天界の秘義』9）。これに対して、新生の四日目に、愛に動かされ、信仰によって明るくされた人間が、五日目に達成する状態は、「信仰に基づいて語り信仰によって真理と善を確認する状態である。そのとき、その人間によって生み出されるものには生命があって、「海の魚」「空の鳥」と呼ばれる」（『天界の秘義』11）。

「生命」についてスウェーデンボルグは、これを神にのみ帰属させる。人間それ自身には本来的に生命はなく、人間はただ神からの生命の受容体、器《うつわ》である。もっとも、ここで言う生命は霊的な生命であって、普通に使われる生命のことではない。

こうした生命観に基づくスウェーデンボルグの新生に関する考え方は、近代的自我の存在論的な確実性や根源性を拒むものであり、また、カントの道徳哲学に見られるような、自発的で自律的な道徳的意志の努力を強調する考え方とはかなり異なる。

宗教的に新生する人間は、「自らによるものとして」善をなすが、それでもその善は自らが生み出すものではなく、いわば超個人的な領域から受容するものだということを、信仰によって承認している。私たちが「善」とか「真理」と漠然と呼び習わしているものは、究極まで突きつめると、もはや人間に固有なものではなくなる。霊的な生命としてのこの「善」や「真理」の超越性、絶対的所与性を洞察し承認することこそ、新生の標識なのだ。しかも、こうした洞察と承認が深まるにつれて、人間はますます豊かに生命を得て、より完全な人間へと向上する。これが、古代の賢人たちが有したありふれた知恵であると、スウェーデンボルグは言うのである。

人間の創造――六日目

創造の六日目の後半に、いよいよ人間が創られる。神が人間を神のかたちにかたどって創り、しかも人間を「男」と「女」に創った（「創世記」第一章第二六・二七節）、と聖書が語るとき、まず留意すべきは「人間」という言葉の意味である。なぜなら「創世記」第一章は、初めから人間の新生というテーマを追い続けているからである。

人間というと、まずその肉体が思い浮かぶ。肉体は有機的に組織され、一般に生命と呼ばれる生理的な力によって生気づけられている。そうした健全な肉体的機能をそなえた人間も、確かに人間である。しかし知性や教養のような精神性をそなえなければ、一人前の人間と言わないこともあるし、また法的な成人の概念も、道徳的、宗教的な意味合いでの人間の概念も、異なってくるだろう。ここで聖書が語り出す「人間」とは、文脈からして、知性的にも精神的にも卓越した最高の型の宗教的人間を意味することは明らかだ。

五日目の新生のプロセスでは、「内なる人間」が「外なる人間」を通して生み出した善は確かに生きていた。しかしその善は、「天的原理」たる愛から自発的に生み出されたというよりは、むしろ「霊的原理」たる信仰の確認によって生み出されたのである。

しかし六日目は、新生のプロセスの一種の完成段階であるため、信仰よりも愛から善が生み出されるときである。この段階をスウェーデンボルグは、次のように述べている。

第六の状態は、人間が信仰によって、またこの信仰に続いて愛によって、真理を語り、善をなす状態である。そのとき人間が生み出すものは、「生き物」「獣」と呼ばれる〔善である〕。人間はその際、信仰と愛によって行動し、同時にまた、信仰と愛とが共になったところから行動し始めるので、かたちと呼ばれる霊的な人間になる。

（『天界の秘義』12）

この完成の段階で創られる「人間」とは、まさにこの「霊的な人間」である。この人間は、かつては粗野で未熟な自然状態という虚無の深淵にいた「自然的な人間」であったが、今や内面的に進化し新生して本当の人間になったのである。

それでは、人間を「男」と「女」に創造したという記述は、何を意味するのであろうか。前にも少し触れたが、スウェーデンボルグは人間の心の本質的な構成要素を、「意志」と「理解力」──または「自由」と「合理性」──に二分する。「意志」はいわゆる意志も含むが、意欲・感情・情愛などの総称である。この側面は心の根源的なものであり、愛や善に関係する。古代の賢人たちはこの側面を「女」と呼んだのである。一方、「理解力」は知性・理性・悟性などの知的能力の総称であり、これは派生的な心の側面として、信仰や真理に関係する。これが「男」と呼ばれるものにほかならない。

ある宗教が「女」の側面しか発展させないなら、熱狂的で狂信的な宗教になるだろうし、「男」の側面しか発展させないなら、抽象的で観念的な宗教にすぎないだろう。同様に人間の霊性においても、これらの二要素がバランスよく新生しないなら、偏向した霊性が形成されるだろう。

C・G・ユングは、感情の機能を知性の機能に対置し、愛や情緒的なものが人格の統合に不可欠であることを指摘し、また「内なる異性」──アニムスとアニマ──の意識化の重要性を説いている。スウェーデンボルグは、人間の精神的成長におけるこうした両性の機能の統合の必要性を、十分に知っていた。「霊的な人間」とは、知性的でかつ情緒的な人間なのだ。

ところで、スウェーデンボルグの「新生の心理学」は、彼自身の独創によるものでは決してない。それは古代のありふれた思想であるが、ユングの「自己の全体性の統合」を扱う心理学や、アメリカの心理学者A・マズロー（一九〇八―七〇年）の「自己実現」の心理学、そしてトランスパーソナル心理学など、現代の心理学に近接している。ここではこれらとの比較はできないが、示唆だけはしておきたい。

さて、以上のように、「創世記」第一章の六日間の天地創成神話は、そこに内蔵された霊的な意味の体系として、自然的な人間から霊的な真の人間に至る漸次的な再創造、つまり新生のプロセスを叙述している。六日目に神が「人を造」ろう（「創世記」第一章第二六節）と言うまでには、予備的な数多くの段階があった。それは人間自身の内面的な苦闘と試練であると同時に、神の側からも、人間の創造に伴う労苦であった。

肉体の創造とは違って、新生という再創造は、神が人間に働きかけ、人間がこの働きかけに協力して、初めて達成される。現代的に言えば、人格の全体性の実現は宇宙の超個的な諸力との協同によってのみ果たされるのである。

2　エデンの園と堕罪の神話

「霊的な人間」から「天的な人間」へ

「創世記」第二章には、天地創成の七日目の記述と、いわゆる「エデンの園」の記述がある。

一般に第二章は、第一章とは別な角度から見た人間の創造が扱われているとされる。聖書の高層批評は、第一章がP典（祭司資料）、第二章の途中からがJ典（ヤハウェ資料）という原資料に基づいて、記されたと考えている。

スウェーデンボルグが聖書研究を始めた頃、フランスの医学者J・アストリュク（Jean Astruc）（一六八四―一七六六年）が、聖書の歴史的批評的研究の端緒をひらいた。そこから発展した高層批評は、「創世記」がP典、J典のほかに、E典（エローヒーム資料）も含めた三つのバラバラの原資料から編集されたとしている。

第一章と第二章とは確かに主題も変わり、神名そのものも「エローヒーム」（邦訳では「神」）から「ヤハウェ・エローヒーム」（邦訳では「主なる神」ないし「神エホバ」）に変わっている。しかしスウェーデンボルグは、両章の不連続性を認めず、第二章には、新生過程のさらなる段階が引き続き記述されていると考える。

第二章が扱う主題は、「霊的な人間」から「天的な人間」への新生である。人間は常に有限で不完全であるから、新生のプロセスはこの世でもあの世でも永遠に続き、これで完全無欠になったという状態はない。そのため「霊的な人間」は、表現可能な新生の最終段階ではなく、もう一段上のプロセスが第二章で扱われるのである。

スウェーデンボルグは大胆にも、一八世紀半ば当時の人々の霊的な状態について、次のように書いている。

「現今、大半の人々はただ新生の第一の状態に達するにすぎない。若干の人々が第二の状態に達し、それよりも少ない人々が第三・四・五の状態に達し、さらにわずかな人々しか第六の状態に達していない。第七の状態に達している人といえば、ほとんどいない」(『天界の秘義』13)。

この第七の状態にあるのが「天的な人間」だが、第二章の詳しい解釈の前に、まず「霊的な人間」と「天的な人間」の差違を述べてみよう。

両者の差違は、要するに、霊的原理たる信仰と、天的原理たる愛のどちらがその人間の中核に座を占めるかの違いである。新生の第六過程から第七過程にかけて、その人間の内部に不連続的な転換、つまり質的な転換が生じ、最高度の霊性にまで高揚されるのを望む人間は、天的原理が霊的原理を圧倒する、生命の最高の秩序の中へ入るのである。

新生以前の状態にある「自然的な人間」、「霊的な人間」、そして「天的な人間」の霊性の差違について、スウェーデンボルグは詳細にこう論じている。

霊的に死んでいる人間〔つまり自然的な人間〕は、肉体や世俗に属するもの以外は、何一つ真で善いものであるとは認めず、肉体や世俗に属するものだけを崇《あが》める。霊的な人間は、霊的で天的な真理や善を認めるが、信仰の原理から認め、愛から認めるわけではない。天的な人間は、霊的で天的な真理や善を信じ認め、愛から発した信仰だけを承認し、愛から行動する。

霊的に死んでいる人間は、内的な抗争に置かれるとほとんど常に敗北し、抗争に置かれないときは悪と虚偽に支配され、その奴隷となる。彼を束縛するものは、法律に対する恐怖、生命・富・利得・名誉の喪失への恐怖といった外的なものであり、彼は生命や富などをそれ自体、尊いものと考えている。霊的な人間は、抗争にさらされても常に勝利を得る。彼を束縛するものは内的なものであり、それは良心と呼ばれる。天的な人間には、抗争はない。彼は悪や虚偽に襲われると、それらを軽蔑する。そのため彼は征服者と呼ばれる。彼が束縛によって拘束されないのは明らかであり、彼は自由である。彼を束縛しているものはただ、外面には現われない善と真理との覚知である。

（『天界の秘義』81）

この差違をもう少し一般化して考えてみると、「霊的な人間」とは、良心に基づいて行動する人間のことである。この場合、まず善悪正邪の識別や判断という知性の機能が働き、そのあとで、確認され確信された真理を意志し実行するという性質が認められる。ところが「天的な人間」は、天的原理、つまり愛や善の心情に分かちがたく刻印されている真理から行動するので、その知的機能と意志との間には分裂も抗争もなく、行動はすべて自発的で自然で自由である。それはまさに、孔子が「心の欲するところに従って矩《のり》を踰《こ》えず」(『論語』為政篇)と語った境地であり、また老子が「無為にして為《な》さざるはなし」(『道徳経』第四八章)と語った境地であろう。

天的人間の新生——七日目

さて「創世記」第二章の記述の考察に戻ろう。

スウェーデンボルグは、天地創成の七日目に「天的な人間」が形成されたと解釈し、第四節以降の、一般に別な創成神話と見なされている記述を、天的な人間の新生を扱う「心理学」だと考える。まず聖書から、第二章の創成神話を引用しよう。

主なる神が地と天とを造られた時、[五]地にはまだ野の木もなく、また野の草もはえていなかった。主なる神が地に雨を降らせず、また土を耕す人もなかったからである。[六]しかし地から泉がわきあがって土の全面を潤していた。七 主なる神は土のちりで人を造り、命の息をその鼻に吹きいれられた。そこで人は生きた者となった。

(「創世記」第二章第四―七節)

ここでは、「主なる神」(ヤハウェ・エローヒーム)という新しい神名が出ている。第一章では常に「神」(エローヒーム)であった。神名の相違のみでなく両章の語り口の相違に注目した高層批評では、P典とJ典という原資料の違いが指摘されている。しかしスウェーデンボルグは、厳密な照応によって記された聖言を、異なる原資料から成るパッチワークだとは考えない。彼によれば、第一・二章の著者は二つの神名を慎重に使い分け、「神的な真理」や、霊的な人間の新生過程に関わる叙述には「神」を、「神的な善」や、天的な人間の新生過程の叙述には「主なる神」を用いたのである。

このことは、「野の木」や「野の草」という表現についてもあてはまる。第一章では、草も木も「野」ではなく「地」から生えると記されているのに対し、第二章では草や木は「野」に属している。「土」という表現も第一章には見られなかったものであり、「野」や「土」はいずれも、天的な人間の「外なる人間」を意味する。

さて、第五節の、地が不毛であったということは、天的な人間の外なる人間がまだ新生していないことを意味する。「しかし地から泉がわきあがって土の全面を潤していた」という

第六節を、スウェーデンボルグはこう解釈している。

人は霊的なものであるうちはまだ、外なる人間は内なる人間に進んで服従し仕《つか》えてはいない。しかし天的なものになると、外なる人間は内なる人間に服従し仕え始め、抗争はやみ静謐《せいひつ》が生まれる。この性質は「雨」と「霧」〔彼は「泉」を「霧」と訳している〕とによって意味される。なぜならそれは、外なる人間が内なる人間から注がれ潤される蒸気霧のようなものだからである。そして「野の木」や「野の草」と呼ばれるものを生み出すのは、平安から生まれるこの静謐である。抗争がやんだときの外なる人間の平安の静謐は、どんな歓喜の観念をも凌駕するほど喜ばしいものである。それはただ抗争の停止であるばかりではなく、内的な平安から発して、筆舌に尽くしがたい仕方で外なる人間を触発する生命である。

（『天界の秘義』91・92）

次の第七節の、第一章とは違った新たな類型の人間の創造譚は何を意味するのだろうか。「土のちりで人を造る」とは、それ以前は、内なる人間と争う、真の意味ではまだ「人間」とはなっていなかった、天的な人間の「外なる人間」を形成することである。「命の息をその鼻に吹きいれる」とは、その「外なる人間」に信仰と愛という生命を与えることである。

かくして内と外とが完全に調和した、「生きた者」である天的な人間の新生の全過程が完了する。

新生人間の住むエデンの園

「創世記」の以下の記述には、新生した天的な人間が置かれた、いわゆる「エデンの園」の神話が登場する。聖書の本文をまず引用しよう。
八 主なる神は東のかた、エデンに一つの園を設けて、その造った人をそこに置かれた。九 ま
た主なる神は、見て美しく、食べるに良いすべての木を土からはえさせ、更に園の中央
に命の木と、善悪を知る木とをはえさせられた。一〇 また一つの川がエデンから流れ出て園
を潤し、そこから分れて四つの川となった。一一 その第一の名はピソンといい、金のあるハ
ビラの全地をめぐるもので、一二 その地の金は良く、またそこはブドラクと、しまめのうと
を産した。一三 第二の川の名はギホンといい、クシの全地をめぐるもの。一四 第三の川の名はヒ
デケルといい、アッスリヤの東を流れるもの。第四の川はユフラテである。

（「創世記」第二章第八―一四節）

古来、聖書学者たちの旺盛な詮索癖は、エデンの園が世界のどこにあったかを探ってき

た。それはアルメニアの山中だという説などが有名だ。また四つの川のさまざまな地理的比定が試みられた。「ユフラテ」と「ヒデケル」は、聖書中の他の個所との比較対照により、それぞれユーフラテス川とティグリス川であることがはっきりしている。ピソンとギホンをめぐってはさまざまな空想が飛び交い、例えば有名な一世紀末頃のユダヤの史書『ユダヤ古代誌』の著者ヨセフス（Flavius Josephus）は、ピソンをガンジス川、ギホンをナイル川に比定している。

しかしこうした試みは、あまり意味がないだろう。それは、「創世記」第一章の記述を地質学や進化論と比較するのと似たような誤りを犯している。聖書を読み、そこから学ぼうとするのは、主として人間の生き方に関わる知識を得んがためであって、聖書から地理や歴史を学ぶことは二次的な重要性しか持たない。

スウェーデンボルグは聖言の中に、もっぱら古代の知恵を求め、自然や歴史に属するものを捨象して、そうしたものを単なる表現の素材として古代の著者が語ろうとした、「意味の核心」に肉薄した。

「東のかた、エデンの園」とは、新生した天的な人間の入れられた生命の成層的な秩序であり、スウェーデンボルグは聖書のこの表現を、神から愛を通して流入する、天的な人間の復元された知性的機能と読む。

生命の完全な受容体となった天的な人間においては、無限なる神にのみ属し、もともと自らのものでなかった生命が、そのあるがままに受容される。そしてこの生命は、内なる人間と外なる人間との間の抗争がないため、いわば直線的に、内なる人間から外なる人間へと流出する。つまり、内なる人間に属する「ピソン」(「愛から発する信仰の英知」)と「ギホン」(「信仰の英知から発する善と真理」)とを通して、外なる人間に属する「ヒデケル」(「理性」)と「ユフラテ」(「記憶的知識」)とに流出するのである。

むろんスウェーデンボルグは、四つの川の個々の霊的な意味について恣意的な解釈を施しているわけではない。こまごましたことは省略するが、要するにこの神話は、究極まで新生した人間がどのようにして神的な生命の完全な受容体として組織されるかを、その字義の奥に秘められた意味として描出しているのである。

「善悪を知る木」とは?

それでは次に、エデンの園に生えていた各種の木は何を意味するのだろうか。

彼によれば、「木」は全般的に認知(perceptio)を意味する。ここの文脈では、霊的な認知のことであるから「覚知」と訳すのが適切であろう。覚知とは、「何かあるものが真であるか善であるかについての、主〔神〕にのみ由来するある種の内なる感覚」(『天界の秘義』104)である。この感覚は、古代の宗教的な人々にはきわめてよく知られていたと言われ、霊的な人間の持つ良心の一層純化されたものである。

「見て美しい木」は真理の覚知を、「食べるに良い木」は善の覚知を、それぞれ意味する。「命の木」は愛と、愛から発する信仰を意味する。「善悪を知る木」は、聖書のあとの記述で、「善悪を知る木からは取って食べてはならない。それを取って食べると、きっと死ぬであろう」（「創世記」第二章第一七節）と警告されている木である。それは、感覚的なもの、つまり単なる記憶的な知識から得られる信仰や信念を意味する。

天的な人間といえども、有限な、自由意志を持つ存在者であることには何の変わりもない。したがって、「死ぬ」可能性、つまり生命の秩序を逆転させて霊的に堕落する可能性を常にはらんでいる。

不幸なことだが、実際にこれは現実となった。そしてこの天的な人間の堕罪は、蛇が出て来てイヴをだまし、イヴによってアダムもだまされる話が始まる「創世記」第三章で初めて叙述されるのではなく、すでに第二章の後半から叙述されているのである。

しかしここでは、天的な人間の堕罪の詳細な過程を論じるのは省略し、ただ、「善悪を知る木」の実を食べるとは何を意味するのかを見ておこう。

原罪とは生命秩序の転倒のこと

周知のように、「創世記」第三章には、いわゆる「原罪」の教理のルーツになった、人類の始祖の堕罪と楽園追放の神話がある。

聖書に書かれたことを字義どおり信じる頑迷な根本主義者《ファンダメンタリスト》でないかぎり、始祖アダムが木の実を食べたことが堕落の原因であり、この原罪が連綿とすべての人類に受け継がれたなどと考えるのは困難である。スウェーデンボルグは人間の現実的な罪深さを承認はするけれども、それを形而上学的なアダムの原罪にまで結びつけることはしない。

禁断の木の実を食べるということは、要するに、自己中心性や世俗愛が密着している、感覚や記憶という「自然的なもの」を、いわば一つの原理として心が支持するとき、生命の秩序が転倒し、心が霊的な意味で死んでしまうということである。したがって、前述のエデンから順次流れ出る四つの川で象徴される知性的機能も、その順序が逆になってくる。スウェーデンボルグは、原罪として一般に理解される、生命の秩序の転倒について次のように述べている。

自分の仮定する原理が誤っていても、その原理に支配され、知識と推論のことごとくがその原理を支持する場合がある。このようなことは、誰でも経験することができよう。そのとき人は、その原理を支持する無数の熟慮が心に生じ、誤ったものを確信してしまうのである。したがって、見て理解するまでは何も信じないということを原理として仮定する人間は、決して信じるということができない。なぜなら、霊的で天的なものは見ることも、想像力を用いてとらえることもできないからである。しかし人間にとっての真の秩序とは、主、つまり主の聖言によって賢明になることである。そのとき人間は、理性や記憶的知識に属するものさえもが啓発されるのである。

世知にたけようとするだけの人間は、自分の「園」として感覚や記憶的知識に属したものを持っている、つまり、自己愛と世俗愛が彼にとっての「エデン」である。そして、その「東」〔これは主を意味する〕とは西、つまり自分自身である。またその人間の「ユフラテ川」は呪われた記憶的知識のすべてであり、「アッスリヤ」がある「第二の川」〔ここでは「ヒデケル」〕は虚偽を生み出す狂気の推論である。さらに「エチオピア」〔エチオピアはクシと同じ〕がある「第三の川」〔ここでは「ギホン」〕は、狂気の推論に派生する悪と虚偽の原理であり、そうしたものが自分の信仰の知識となる。その「第四の川」〔ここでは「ピソン」〕は、悪と虚偽の原理に派生する知恵であるが、聖言ではこうした知恵は「魔法」と呼ばれている。

（『天界の秘義』129・130）

人類史とパラレルな「新生の心理学」

以上概観してきたのは、個人としての人間の新生過程と堕罪であるが、スウェーデンボルグは、この「新生の心理学」は類としての人間、つまり人類にも適用されると考える。

彼は、この個人的な新生や堕落のプロセスはそのまま、巨視的に見た人類の精神的な進化や退歩のプロセスとパラレルだと言うのである。つまり、人類が単なる野生動物のような粗野な自然的生活から、長い歳月をかけて徐々にその内面性・精神性にめざめてゆく新生のプロセスと、個々の人間が精神的に成長するプロセスとはパラレルなのである。彼自身の言葉を引用しよう。

本章と前の諸章（「創世記」第一―三章を指す）は、原古代の人々とその新生を扱っている。まず、野生動物のように生活していたが、ついに霊的な人間になった人々を扱い、次に、天的な人間となって原古代教会を構成した人々を扱っている。そしてそのあとでは、堕落した人々とその子孫たちを扱っている。すなわち、ノアの洪水に至るまで規則正しい順序で、原古代教会を構成した人々の第一・第二・第三の子孫と、それに続く人々とを扱っている。（『天界の秘義』286）

スウェーデンボルグはアダムを人類の始祖とは考えない。アダムとは、人類の最古の啓示宗教の中核となった「原古代教会」を全体的に象徴するものであると言う。だから、アダム以前の人々も当然、存在したのであり、彼らは新生という過程を経て、野生動物のような感覚的で自然的な「ヒト」の状態から徐々に精神性を自覚し陶冶《とうや》して、ついには天的な宗教的資質を有する「人間」にまで進化したのである。

進化論も出現していない時代にスウェーデンボルグが、たとえ厳密な理論とは言えないにせよ、こうした考えを持ったことは特筆に値しよう。

彼が聖言の「内的な歴史的意味」として、人類の霊的な進化や、また退歩のプロセスを、「原古代教会」「古代教会」「イスラエル（ユダヤ）教会」「キリスト教会」という四つの中心的な宗教を軸に据えて詳細に論じたところは、そのまま人類の「原宗教」ないし「普遍宗教」の壮大な興亡史となっている。しかし、それをここで紹介するスペースはない。

本章で見てきたのは、スウェーデンボルグ独自の聖書解釈の一端である。彼は「創世記」冒頭の天地創成神話が、古い時代より伝承された、人間の心の新生を扱う「新生の心理学」であることを解明している。そこではもう、ユダヤ教とかキリスト教といった枠は外《はず》され、普遍的な宗教が展望されている。

聖書が神的霊感を吹き込まれて書かれた高度な啓示だと主張しうる根拠は、単なる伝統とか、教会の外的な権威に求められてはならない。聖書は私たちひとりひとりが、理性に照らして納得しうるものでなければならない。その意味でスウェーデンボルグは、聖書を理解し解釈する根拠を広く人間共通の理性に求めた人々のひとりだった。

しかし彼は、こうした「聖書を解釈する理性」（Ratio Scripturam interpretans）こそがすべての事柄の判断基準だとする、合理主義の立場にだけ留まったのではない。一連の聖書解釈や神学説に見られる彼の洞察の源泉は、稀有な独自の霊的体験でもあったからである。

第五章　普遍宗教への道

1　神、宇宙、人間

機械論から目的論へ

科学的時期と呼ばれる頃のスウェーデンボルグの神は、「無限なるもの」と規定された。機械論的な物質的宇宙や自然という有限存在は、それ自体では存在せず、その原因・根源として「無限なるもの」が仮定されねばならない、と彼は考えた。しかし無限と有限の関係には機械論的な説明が適用できないため、有限なものが無限なるものからどのように生み出されるのかは探究不能であった。

『原理論』を出版した直後に、彼は『無限なるものと創造の目的因』(*Prodromus Philosophiae Ratiocinantis de Infinito, et Causa Finali Creationis*, 1734) という哲学的著作を出版している。この著作の第一部の後半部分は、無限なるものに内在する「目的因」を探る試みである。

目的因という原因の概念はアリストテレスに見られ、目的論的自然観を支えてきた。近代科学はこの目的論を捨て、機械論的に自然を見ることによって発展したものである。

目的因は、始動因（動力因とも呼ばれる）から区別される。始動因とは、事物の生成や運動変化の原因であり、普通に使われる原因－結果の原因のことである。目的因とは、事物の生成や運動変化が何らかの究極目的をめざして起こる場合の、その目的である。いわば未来の何かが現在の何かを規定するような、原因である。例えば、入試における合格が、受験勉強の目的因である。また、描かれるべき絵は、画家に内在する目的因である。

近代科学は、目的因を自然界の事物の生成変化の原因とすることは自然の擬人化であるとして、これを退けた。しかしスウェーデンボルグにとって、無限なるものの探究において機械論が破綻するからには、目的論しか残されていなかった。彼は、有限なもの（宇宙や自然）を生み出す無限なるものに内在する原因を探る際、無限と有限との関係に適用できない始動因を捨て、目的因を考察したのである。

そして、彼にとって、無限なるものに内在する目的因は、神の宇宙創造の目的因と同じものであり、それは人間である。無限なるものは人間の創造をめざして、有限なものを生み出すのである。

この哲学的著作でスウェーデンボルグは、かなり唐突に「神の子」という神学的概念を持ち込み、この概念を、無限なるもの（神）と有限なもの（宇宙や自然）とを結びつける媒体として提示する。「神の子」は、無限なるものと直接に結合しながらも、この世に生まれたということによって、無限なるものから離れて有限なるものの始原となるものを表現する、最適の概念であると考えたからである。

さらに彼は、この神の子というキー概念が導入された無限‐有限の間の関係と、霊魂‐身体の間の関係とには、何かパラレルなものがあると考えた。そのため、先述の『無限なるものと創造の目的因』の第二部は、霊魂と身体の交流のメカニズムに関する哲学的解明に割かれている。

この心身相関の問題や、目的論がまだ十分に効力を発揮する有機的な自然（特に人体の組織）を解明するために、スウェーデンボルグはこののち解剖学・生理学・心理学の探究に身を転じ、霊的危機を経て、ついに神学の世界に入っていったのである。

無限の愛と知恵である「神人」

神学的時期と呼ばれる後半生には、彼の神観は一新している。神とは生ける「神人」である。これが神についての彼の力強い断言である。当時の自然哲学者（科学者）の多くが、世界を超越した、非人格的で、私たちにまったく関与しない「理神論」の神に傾いていったことを思えば、スウェーデンボルグの神は異彩を放っている。

彼は、人間の有限な知性はどんな推論によっても神の存在を確実につかむことはできないと言う。神の存在は、むしろ啓示されている事実である。『真のキリスト教』（一七七一年）では、「神が存在し、神は唯一だという普遍的な真理が、人間の霊魂へ流入する」と述べられ、その流入は私たちが空気を吸い込むのと同じように霊魂に入ってくると説明されている。

神は「神人」つまり神的な「人間」であるという宣言は、簡潔だが大胆な宣言である。聖書は、神は自分に似せ自分のかたちに人間を創ったと語るが、これを受けてスウェーデンボルグは、神が人間だからこそ人間が創られたのだと言う。神は無限の人間であり、有限な人間の原型である。そうした意味で、神は「神人」なのである。

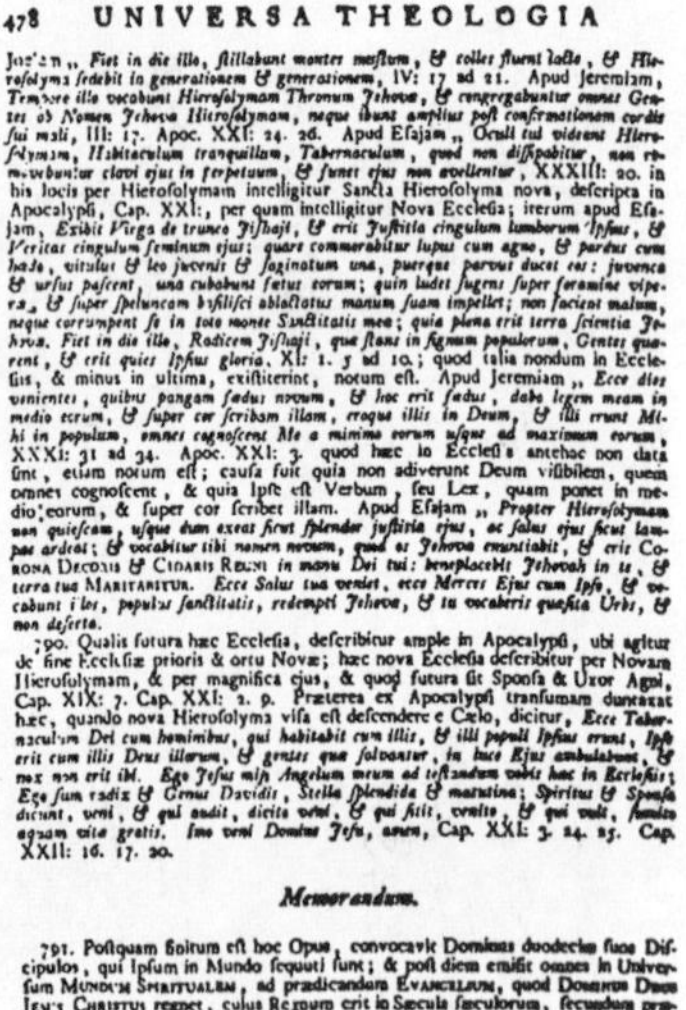

478 UNIVERSA THEOLOGIA

Joelem „ Fiet in die illo, stillabunt montes mustum, & colles fluent lacte, & Hierosolyma sedebit in generationem & generationem, IV: 17 ad 21. Apud Jeremiam, Tempore illo vocabunt Hierosolymam Thronum Jehovæ, & congregabuntur omnes Gentes ob Nomen Jehovæ Hierosolymam, neque ibunt amplius post confirmationem cordis sui mali, III: 17. Apoc. XXI: 24. 26. Apud Esajam „ Oculi tui videant Hierosolymam, Habitaculum tranquillum, Tabernaculum, quod non dissipabitur, non removebuntur clavi ejus in perpetuum, & funes ejus non avellentur, XXXIII: 20. in his locis per Hierosolymam intelligitur Sancta Hierosolyma nova, descripta in Apocalypsi, Cap. XXI:, per quam intelligitur Nova Ecclesia; iterum apud Esajam, Exibit Virga de trunco Jishaji, & erit Justitia cingulum lumborum Ipsius, & Veritas cingulum feminum ejus; quare commorabitur lupus cum agno, & pardus cum hædo, vitulus & leo juvenis & saginatum una, puerque parvus ducet eos: juvenca & ursus pascent, una cubabunt fœtus eorum; quin ludet sugens super foramine viperæ, & super speluncam basilisci ablactatus manum suam impellet; non facient malum, neque corrumpent se in toto monte Sanctitatis meæ; quia plena erit terra scientia Jehovæ. Fiet in die illo, Radicem Jishaji, quæ stans in signum populorum, Gentes quærent, & erit quies Ipsius gloria. XI: 1. 5 ad 10.; quod talia nondum in Ecclesiis, & minus in ultima, existiterint, notum est. Apud Jeremiam „ Ecce dies venientes, quibus pangam fœdus novum, & hoc erit fœdus, dabo legem meam in medio eorum, & super cor scribam illam, eroque illis in Deum, & illi erunt Mihi in populum, omnes cognoscent Me a minimo eorum usque ad maximum eorum, XXXI: 31 ad 34. Apoc. XXI: 3. quod hæc in Ecclesiis antehac non data sint, etiam notum est; causa fuit quia non adiverunt Deum visibilem, quem omnes cognoscent, & quia Ipse est Verbum, seu Lex, quam ponet in medio eorum, & super cor scribet illam. Apud Esajam „ Propter Hierosolymam non quiescam, usque dum exeat sicut splendor justitia ejus, ac salus ejus sicut lampas ardeat; & vocabitur tibi nomen novum, quod os Jehovæ enuntiabit, & eris Corona Decoris & Cidaris Regni in manu Dei tui: beneplacebit Jehovah in te, & terra tua Maritabitur. Ecce Salus tua veniet, ecce Merces Ejus cum Ipso, & vocabunt illos, populus sanctitatis, redempti Jehovæ, & tu vocaberis quæsita Urbs, & non deserta.

790. Qualis futura hæc Ecclesia, describitur ample in Apocalypsi, ubi agitur de fine Ecclesiæ prioris & ortu Novæ; hæc nova Ecclesia describitur per Novam Hierosolymam, & per magnifica ejus, & quod futura sit Sponsa & Uxor Agni, Cap. XIX: 7. Cap. XXI: 2. 9. Præterea ex Apocalypsi transumam duntaxat hæc, quando nova Hierosolyma visa est descendere e Cælo, dicitur, Ecce Tabernaculum Dei cum hominibus, qui habitabit cum illis, & illi populi Ipsius erunt, Ipse erit cum illis Deus illorum, & gentes quæ salvantur, in luce Ejus ambulabunt, & nox non erit ibi. Ego Jesus misi Angelum meum ad testandum vobis hæc in Ecclesiis; Ego sum radix & Genus Davidis, Stella splendida & matutina; Spiritus & Sponsa dicunt, veni, & qui audit, dicito veni, & qui sitit, venito, & qui vult, sumito aquam vitæ gratis. Imo veni Domine Jesu, amen, Cap. XXI: 3. 24. 25. Cap. XXII: 16. 17. 20.

Memorandum.

791. Postquam finitum est hoc Opus, convocavit Dominus duodecim suos Discipulos, qui Ipsum in Mundo sequuti sunt; & post diem emisit omnes in Universum Mundum Spiritualem, ad prædicandum Evangelium, quod Dominus Deus Jesus Christus regnet, cujus Regnum erit in Sæcula sæculorum, secundum prædictionem a Daniele Cap. VII: 14. 14. & in Apocalypsi Cap. XI: 15., & quod beati,

『真のキリスト教』ラテン語原典より

むろん、神が人間であるといっても、有限な人間の諸性質を神に帰することはできない。そうしてしまうと、いわゆる神の擬人化が起こり、エジプトやギリシア、日本の神話をはじめ、どこにでも見られる多神教が生まれることになる。また神人は、ユダヤ教の怒りの神とか、誤った三位一体説から生まれた、人類の贖《あがな》いのための身代わりの神（このことについては後述）といった、伝統的なキリスト教の神とはかなり異なる。さらに神人は、哲学者カントが定義したような、「意志と悟性とを持つ根源的存在者」という意味での人格神でもない。

むしろスウェーデンボルグによれば、神は「愛」と「知恵」そのものであり、「愛」と「知恵」こそ神であるという意味で、神は人格であり、神人なのである（このテーマについては『神の愛と知恵』で詳説されている）。神は無限の愛であり、無限の知恵であるがゆえに、人間の無限の原型である。そして人間は、神の愛と知恵という「生命」の受容体であり、人間の生命とは受容された有限な愛と知恵である。以上のような意味で、神は唯一であり、神人であり、愛と知恵であり、生命そのものであると、スウェーデンボルグは言う。

さらに神は、エッセ（本質）とエキシステレ（本質的な形）であり、根源的な実体と形態である。神は全知・全能・遍在である。神は無限である。つまり空間に関しては無辺際であり、時間に関しては永遠である。こうして神は時空を超えて、しかも時空のうちに遍在する。

その神を聖書に照らして考えると、最初にアブラハムが「エル・シャッダイ」（全能の神）と呼び、モーセが「ヤハウェ」、すなわち「有りて有るもの」と呼んだ唯一神であり、あらゆる健全な民族や個人に、時代を超えて「普遍的流入」によって自己を啓示する者である。

神の愛が自己投影された宇宙と自然

それでは、神と宇宙、あるいは神と被造世界との関係はどうなっているのであろうか。

前述したように、神の本質は無限の愛である。それゆえ宇宙の万物は神の愛の対象として、神の知恵を通して創造された、とスウェーデンボルグは言う。愛とは、自分の外にいる他者を愛し、他者と一つになることを欲し、他者を幸福にしようと願うことである。そして、愛の自己投影的で自己表象的な機能が知恵であり、知恵の中に愛は自己実現へと向かう自分自身を見るのである。

神的な知恵とは、神的な愛の活動そのものである。本質的に見れば、宇宙とは、知恵という自己表象・自己実現活動をしている、無限の愛そのものなのである。

霊界に自由に参入するようになってから、スウェーデンボルグは、自然を超えたインナースペースとでも言うべき領域の実在を確信し、科学的時期とは違う視座から宇宙を見るようになった。

宇宙はいわば三重構造になっている。宇宙の中心には神的存在と神的生命がある。その周辺部には、神的なものと「照応」しているが、より低次の存在である霊界があり、霊界の周辺、すなわち宇宙の最外部に、霊界に照応する自然界がある。「不連続的な階層」によって結びつくこの三重になった宇宙は、無限の愛に由来する自己表象的な機能によって、一つのものとして活動している。

この宇宙を生気づけるのは、中心の無限の愛である。それゆえ、その宇宙を形づくっている自然とは、神的で霊的なものの表象と映像であり、神的なものが霊的なものを通して生み出し、かつ不断に生気づけているものである。この意味で自然とは、デカルト以来の、精神から分断された機械論的な物体的自然ではなく、生気に満ちた神々《こうごう》しいものである。

2　「救済神」イエス・キリスト

キリスト者としての内部批判

スウェーデンボルグの宗教は、宇宙の根源に一なる神を認める一神教である。ユダヤ教、キリスト教、イスラム教が一神教であることは周知の事実である。しかしキリスト論という、イエスの神性と人間性とをめぐる解釈の違いが、この三つの宗教を分かつ標識になっている。キリスト教以外は、イエスの神性を認めていないからである。

原始キリスト教は、イエスが墓から甦り、聖霊が使徒たちに降《くだ》ったことから興《おこ》った。彼らは初め、復活したイエスを信じ、兄弟愛や友愛に基づく共同体を形成していたが、やがてパウロの信仰を中心にした教義や神学が徐々に確立していった。そしてキリスト教がローマの国教になったのち、ニカイア総会議で、父なる神と子なるキリストの同質性を強調したアタナシオス派の主張が正統派と公認され、それ以外の教説は異端として断罪されたのである。

スウェーデンはルター派を国教としており、スウェーデンボルグの父はその有力な聖職者だった。しかしスウェーデンボルグ自身は、父の教派にもカトリックにも与《くみ》さず、キリスト教の基盤そのものへの原理的な批判を試みている。特にキリスト論において、彼の神学は伝統的な神学と袂《たもと》を分かっている。

現在、一般にキリスト教の特色は何かと訊かれるなら、誰もがまずイエス・キリストを思い浮かべ、次に三位一体という言葉や、イエスが人間の罪のために十字架に架けられて死んだというドグマにゆきつくだろう。それからまた、最後の審判とかキリストの再臨といった言葉を漠然と連想するだろう。

スウェーデンボルグは、キリスト教以外の何らかの宗教を自ら唱道して、キリスト教を外側から批判したわけではない。彼はその内部から、キリスト教という名のもとに付着した不純な要素を告発し、それを除去することによって、灯の消えかかっていたキリスト教に灯を点け、その真の姿を復元しようとした。そして、そうすることはそのまま、「普遍宗教」あるいは「原宗教」と呼ぶべき人類の唯一の宗教の復元につながったのである。これを明らかにするのが本節の目的である。

キリスト教の贖罪観

さて、彼によれば、教理や神学や教会が出来上がった四―五世紀頃から、キリスト教は大きく横道にそれてしまった。彼は、ニカイア総会議以後に反対派を封じ込める目的で作成され、正統派の信条として広く流布した、アタナシオス信条そのものが誤りであると言う。彼はその信条を、正しい三位一体を教えるものではなく、父・子・聖霊をみな独立した神とする三神教である、と見なしている。そして彼は、この三神教が信仰の対象を分断してぼかしてしまい、その結果、キリストによる代理贖罪という誤った教理をつくりあげてしまったのだと言う。以下、順を追って、伝統的な教理と彼の教説の相違点を述べてみよう。

カトリックもプロテスタント諸派も、大雑把に言って次のような贖罪観を持っている。

正義それ自体である父なる神は、人類の堕罪（これはアダムが犯した罪、つまり原罪を指す）を罰しないわけにはいかない。しかし神はまた愛でもあるから、人類を救わざるをえない。しかし、堕落し原罪を持つ人類は、もはや正義の神の要求を満たせない。そこで神の側で、その愛する独り子を世界に遣わし、これに人類を罪を負わせ、自分の子が十字架上で苦しんで死ぬのを見て、正義から発する自らの怒りをなだめた。以後、神は、この贖罪の業《わざ》を信じる者に対しては、まったく一方的な恩寵によってその罰を免除し、原罪から救おうとした。その救いを現実に遂行するのが、聖霊の働きである。

むろん、キリスト教の信仰がこれほど単純に図式化できるわけではないが、スウェーデンボルグは正統派の信仰をしばしばこのように要約している。

私たち日本人にはなじみにくい「贖罪」という言葉について、まず考察しよう。贖罪とは、罪を贖《あがな》うことである。贖うとは、償《つぐな》うと同義で、金銭や物で罪や過失の埋め合わせをすることである。この「贖罪」は英語では“redemption”であり、「買い戻す、取り戻す」を意味する。この「贖罪」という言葉は、「出エジプト記」や「レビ記」に多く記され、犠牲や供物に関して使う動詞「償う」(atone)とか、「和解させる」(reconcile)に由来すると言われる。

もう一つ、聖書に出てくる「救済」という言葉を考えてみよう。この言葉は「救い出す、解放する」を意味することは明らかで、「罪からの救済」というように使うと、「贖罪」という言葉とはかなりニュアンスが違う。しかもギリシア語の「救う」という動詞には、「癒す」「健康にする」という意味が含まれている。

キリスト教において、イエスは「贖罪者」(the Redeemer)とも「救済者」(the Saviour)とも呼ばれる。二通りに呼ばれるのは、ヘブライ語に由来する「償い」「和解」という観念がギリシア語の「救済」という観念に混入した結果と思われる。

キリスト教の贖罪思想の誤り

キリスト教では一般に、人間はその罪のゆえに神と和解し神に贖われなければならないという贖罪観が広く説かれ、イエスは贖罪者であるという面に力点が置かれる。

一方、スウェーデンボルグの説く贖罪観は、「救済」のほうにはるかに近く、イエスは贖罪者であるよりも救済者である。しかもスウェーデンボルグは、人類の罪に対する正義の神の怒りと罰をなだめる犠牲として贖罪者イエスが死んだという、代理贖罪説・代罰説を、キリスト教の根本的な誤謬《ごびゅう》の一つだと強調する。

旧約聖書には、罪の贖いのために動物の生贄《いけにえ》を捧げる掟が規定されている。アブラハムがその子イサクを生贄として神に捧げようとした有名な説話があるが、これなどはその典型である。宗教学者や文化人類学者の中には、現代の未開社会で実際に行なわれている宗教儀式を見て原始時代や古代のそれを推測し、生贄を捧げる祭儀が古い宗教に固有なものだったと結論づける人々がいる。聖書学者の中にも好んでこの結論を取り上げ、これがキリスト教の贖罪の秘義を暗示すると信じる者が多い。

しかしスウェーデンボルグによれば、動物を殺して神に捧げるといった野蛮で非人間的な儀式は、決して真の宗教に固有な行為ではない。イスラエル（ユダヤ）教会でこれが許されたのは、彼らの宗教的資質に適《かな》った、何らかの霊的な真理を象徴するためであったにすぎない。もし彼らに動物犠牲が許されなかったら、彼らは、人間をすら生贄に捧げるという、一部の周辺民族の悪習に染まったかもしれないからだ。それほどイスラエル民族は、偶像崇拝に傾きがちな霊性を有したというのである。

愛と正義の神が、その両方の要求を満たすべく最愛の独り子を人類の罪の身代わりに罰して殺す、というようなひどい教理を、原始キリスト教会では誰ひとり心に抱いていなかった、とスウェーデンボルグは言う。愛の神が怒る、罰する、殺すなどといった聖書解釈は、人間の性質を神に帰した、字づらだけの解釈である。

私たち日本人は、もともと穏やかな宗教を尊ぶ民族であり、血のにおいのするキリスト教の贖罪思想に無意識のうちに異和感を覚える人も少なくない。しかし、江戸時代以前のキリシタンの受容した贖罪観も、明治以降のクリスチャンの受容したそれも、多少のニュアンスの差こそあれ、血なまぐさい十字架信仰であり、まるでそれがキリスト教的敬虔の象徴であるかのようである。

スウェーデンボルグの贖罪論

それではスウェーデンボルグのキリスト論や贖罪論は、伝統的な解釈とどう違うのだろうか。以下、彼の教説を概観しよう。

スウェーデンボルグの霊魂に関する基本的な理説の一つに、人間の霊魂の内部は父に由来し、外部は母に由来するというものがある。イエスは、処女マリアが懐胎した神的霊魂として、自然的・歴史的世界に生まれた人間である。イエスの心ないし霊魂の内部は神自身であったが、マリアから受けた外部は私たちと同じ人間であり、私たちと同じように生まれ、成長し、また同じような意識を有していた。私たちの霊魂の内部は父から遺伝したさまざまな人間的欠陥や不純な傾向性を持つが、イエスの霊魂の内部は無限の愛である神的霊魂であった。

科学は処女降誕を否定する。しかし処女降誕は、無限な神的霊魂が有限なものへ受肉するための、生物学的・心理学的必然だった、というスウェーデンボルグの主張は簡単には切り崩せない。なぜなら、こうすることによってのみ、本質的に罪のまったくないイエスが、私たちと同じようにあらゆる罪の誘惑や試練を受けることができる基盤を形成しえたからである。このようにして得られた基盤こそが、私たちの救済のための必須の手段になったのである。「主〔イエス〕の生涯は、その幼年期の初めから、この世での最後の瞬間まで、絶えざる試練と絶えざる勝利にほかならなかった」（『天界の秘義』1690）。

イエスがなぜ地上に生まれなければならなかったかの理由は、当時の世界がはらんでいた全面的な霊的破滅の切迫に求められる。当時は、霊界での善悪の均衡が崩れ出し、悪の力が優勢となっていたため、人類の自由意志への神の介入がなければ、人類は霊的に滅びる寸前の危機的状況にあった。贖罪とは、霊界つまり天界と地獄、ひいては自然界の秩序の復元である。それは「地獄の征服、天界の秩序ある配置、および新たな教会の創設である」（『真のキリスト教』115）。

無限で全能の神といっても、人類を救うために、有限な存在者に適用される法則性を無視することはできない。無限者である神が地獄に近づくことは、太陽が直接氷に触れて、これを一瞬のうちに解かしてしまうようなものである。地獄の霊たちを教え、諭《さと》し、彼らの悪を緩《ゆる》めるか、善の方へ撓《たわ》めるかするには、神は有限な「人間性」を身に帯びなくてはならなかった。当時、人類の一部が陥っていた地獄の深みに、こうすることによってのみ神は接近することができたのである。

それでは、霊界や自然界の秩序を取り戻すために地獄を征服し天界を再編成したとは、どういうことなのか。スウェーデンボルグは、それは人類の霊的な自由の回復を図るためだったと言う。

人間は善と悪、真理と虚偽を選択できる自由な状態に置かれるのが本来的な状態であるにもかかわらず、当時は悪の力が増大して霊的な善悪のバランスが崩れ、「霊たちの世界」だけでなく、天界の社会までもが地獄の霊たちの勢力によって侵害され始めていた。この霊的な危機から霊界と自然界の人類を救済するために、創造の神ヤハウェはイエスの中に自らの「人間性」を取得し、これを手段として、地獄の霊たちを、人間の自由を侵害しない程度にまで服従させたのである。

このように、一般に贖罪とか贖いと言われる神の業《わざ》は、唯一神ヤハウェ自身の、人類への完全な愛からなされた神的な行為であった。それは、イエスという歴史的な人格における、現実の悪や罪との戦いと勝利によって達成されたものである。十字架の試練はその最後の現実的な戦いであり、イエスは十字架の死によって人類の罪の身代わりになったのではなく、その試練をも克服して人類を悪と罪から解き放ったのである。

イエスの中に「栄化」された救済神

スウェーデンボルグの贖罪論をもう少し明確にするためには、イエスの人格の内で起こった、内部の神的霊魂とマリアから取った外部の人間性との合一のプロセスについて述べなくてはならない。

イエスの内で神性と人間性とが順序を踏んで合一し、ついにその人間性が「神的人間性」となるプロセスを、スウェーデンボルグは「栄化」と呼ぶ。そして、このプロセスは聖言の霊的な意味として、特に「創世記」の第一二章から最終の第五〇章までに詳細に記述されているという。『天界の秘義』で彼は膨大な釈義を展開してこれを明らかにしているが、ここでは「栄化」について要点だけを述べておく。

スウェーデンボルグは、生前のイエスは、神性と一時的に合一した「栄化された状態」と、まだ神性と離れていた「卑下の状態」という二つの状態を有した、と説く。「卑下の状態」とは、イエスが自らの内に在《いま》す神的霊魂と分離し、他人に祈るように、内面の父なる神に祈るといった状態である。これは、多くの聖書学者が「イザヤ書」第五三章に預言されていると指摘する「苦難の僕《しもべ》」としてのイエスである。

神ヤハウェは救済神として人類を救うべく、マリアから取った自らの人間性の中に、つまりイエスの人間性の中に、人間の脆《もろ》さと交流できる基盤を形成した。この意味では、イエスはマリアから取った罪に汚染された人間性のうちに、人類の罪を集中的に負ったのである。

しかしイエスは、身代わりになったのではなく、内なる神的霊魂から来る力によって人類のさまざまな罪と現実に戦い、これを自らの内で征服して秩序づけたのである。その苦悩、苦痛、悲しみ、嘆きは、そのまま、ひとりの生きた人間の実存的な精神的葛藤であった。十字架の死も現実の戦いであり、最後の試練であった。イエスはそれにも打ち克って自らの人間性を内部の神性に合一させ、人間性を完全に神化して、神的な人間性と成したのである。こうしてイエスは、その生涯にわたる悪や罪との戦いの全戦全勝の勝利者・征服者となって人間性を栄化し、永遠の救済主となったのである。

スウェーデンボルグは、「私たちを創ったのと同じ神が私たちを贖い、新生させ、救うということを、健全な理性を持つ誰が承認しないであろうか」(『新教会教理概要』(*Summaria Expositio Doctrinae Novae Ecclesiae*, 1769) 37) と述べ、救済は唯一の神の全人類への無限の愛からなされた全能の業《わざ》であった、と説いている。

真の三位一体とは

スウェーデンボルグが復元した真の三位一体とは、次のようなものである。

創造者なる唯一の神は、人類の救済のために受肉して地上に降《くだ》り、自らを私たちと同じような心と肉身で覆うことによって、救済者イエス・キリストと成った。それゆえ、イエス・キリストにおいて神は神人であり、神は一人格である。別言すると、イエスの人間性に内在する神的霊魂は、同時に創造者・救済者である、唯一の無限なる存在者である。

ここから、真の三位一体は明らかになる。すなわち、父とは神性それ自体であり、子とは神的人間性であり、聖霊とは、無限の神性が神的人間性を通してすべての被造物へと発出する、神的発出である。そして「父・子・聖霊は一なる神の三つの本質的な要素であり、この三つは、人間において心・身体・活動が一つであるように一つになっている」(『真のキリスト教』166)。

イエスは伝統的な贖罪論が唱えるような、人類の罪の身代わりとして父なる神に罰せられた神の子ではない。イエスは、新生のプロセスにあって自らに信頼を寄せる人間を、新生させる者、聖化する者、つまり聖霊として導き助ける救済神である。こうした積極的で力強い救済観は、愛する独り子の十字架の苦悩と死を、自己満足の混じった悲しみをもって眺めて自らの怒りを静める神といった、自虐的な贖罪観とは雲泥の差があると言えよう。

3　真のキリスト教の復元

人間は愛の受容体

前にも述べたように、スウェーデンボルグによれば、神のみが生命であって、人間はそれ自身ではどんな生命も持っていない。人間は生命を受け容れる有限の器、生命の受容体だというのが、彼の根本的な人間理解である。そして、この受容体は「意志」と「理解力」という二つの受容組織を持つ。

生命自体である神的な愛が神的な知恵を通して人間の霊魂へ流入するとき、人間がそれを意志の中へ受容すれば、それは「善」と呼ばれ、理解力の中へ受容すれば、それは「真理」と呼ばれる。意志は善の受容体であり、理解力は真理の受容体である。

スウェーデンボルグはまた、人間の心の最も深い層を、ひとことで「愛」と呼ぶことがある。人間の受ける生命とは、各個人がその受容機能に応じて受け容れる愛そのものなのだ。無限の愛の主体が神であるように、人間の霊魂は有限な愛の主体である。個人の持つ愛は、その人間全体を統御し規定する根源である。愛が人間の最深部のものであり、人間の知性的機能は愛から発したもの、愛が形をとったものである。この意味でスウェーデンボルグは、「愛が対立すれば、認識のすべてが対立する」という表現を好んで用いる。人間の愛には善き愛も悪しき愛もあるが、愛はその人間自身なのである。

「意志」や「愛」の本質は自由であり、「理解力」の本質は合理性である、とスウェーデンボルグは言う。自由とは、自発性のことであり、愛し、意志し、意欲し、目的を遂げようとする能力である。合理性とは、物事の真偽・善悪を識別し判断する能力である。人間は生まれつきこの二つの根源的な能力を与えられ、これらを奪われることは決してない。

意志が生み出す善悪

一方、スウェーデンボルグは、人間に深く根を張る悪への圧倒的な傾きを、経験的、観察的な事実として認める。だからといって、始祖アダムの犯した罪が原罪として人間に必ずつきまとうとは考えない。また、人類に先立って創られた天使も悪魔もいないのだから、罪や悪が人間以外の他の存在者に由来することはありえない。罪や悪は、人間の自由意志によってなされる神的秩序の転倒である。つまり、本来は尊いものとして賦与された自由意志の濫用である。

彼によれば、罪や悪を知るために私たちは、どんな神学的・形而上学的思弁も必要とはしない。私たちは自らの内部に巣くう具体的な悪を反省して認め、これを取り除く現実的な努力をしなければならない。

スウェーデンボルグの信仰と救いについての教説を簡潔に述べれば、以下のようになろう。

唯一の神が存在し、神は無限の愛から、人類を含む宇宙の森羅万象を創り維持している。その同じ神は救済者として、人類が神的秩序を転倒した場合でさえ、人類の自由意志を破壊しない程度に、その悪を善の方へ撓《たわ》め矯正するように導く。すべての善は、神から天界を経て人間の内部に流入し、悪は地獄より流入する。もっとも、人間が理解力の中へ受容するものは善でも悪でもなく、人間が意志の中へ受容し、実行するものだけが善にも悪にもなる。

悪はひとたび具体的に実行されると、習性となり、徐々に心の深層部に食い込んでゆく。人間は原罪によってではなく、現実に罪を犯し悪を行なうことによって断罪される。それは自分が招いたものであるから自分がその責《せめ》を負うべきで、神が罰するのでも、神の子が人間の罪を負うのでもない。悪はそれ自体、地獄を創るが、悪が連合すると、さまざまな地獄の社会もできる。地獄とは神的秩序を転倒した状態であり、それ自身が罰を生み出す。反対に、善はそれ自身、報われており、天界を生み出す。自らの内部に善を受容して天界を生み出し、その状態を生きることが救いなのである。

信仰とは「絶対愛への信頼」

以上が要点であるが、ここで改めて、スウェーデンボルグの説く「信仰」と、伝統的なキリスト教の説く「信仰」を対比してみよう。

まずはっきりするのは、彼の説く信仰が、キリスト教会で広く教えられる代罰や代理贖罪という観念と結合した、いわゆるイエスの十字架への信仰とは異なることである。スウェーデンボルグの言う信仰は、決して神秘的なものでも謎めいたものでもなく、もっと直接的で体験的なものである。

彼の説く信仰は、ひとことで言えば、自分を常に愛し導く絶対愛の神への信頼である。ドイツの宗教哲学者F・シュライエルマッヘル（一七六八―一八三四年）に倣《なら》ってこれを「絶対依存の感情」と呼ぶこともできようが、スウェーデンボルグにおいて信仰とは、神への直接的な信頼という言葉以上のことを意味しない。そして生ける神への不断の信頼こそ、救いの根本条件であると彼は考えるのだ。

信仰と救いについて、別な観点からのスウェーデンボルグの教えもある。彼は信仰と愛をペアーにして考察することがある。信仰は「真理」に属し理解力に関係するのに対して、愛は「善」に属し意志に関係する。この視点に立てば、救われるためには信仰だけでは不十分であって、信仰に必然的に伴い、信仰の生命とも言うべき愛が実践されねばならない。

私たちが神を信頼し隣人を愛するのは、それによって神の正義を委譲されたり、未来の抽象的な天国に入る条件を獲得したり、最後の審判の際に天罰を免《まぬか》れるためではない。人間は、自らの創造主・救済主なる神を信頼し、その導きに自らを委《ゆだ》ね、自己愛に死に隣人愛に生きること自体が天国であり、そこにおいてこそ、確固たる内なる平安と幸福が実現する、とスウェーデンボルグは断言する。

もっとも、平安や幸福が永続的に享受されるためには、新生という生涯にわたるプロセスにおける試練をいくつも乗り越えなければならないことは、前章でも述べたとおりである。

キリスト教の根本五教説への批判

このように見てくると、スウェーデンボルグの神学思想と従来のキリスト教の教説との隔たりが鮮明になる。ここでは伝統的な諸教理を、彼がどのように批判したのかを考察する。対象になるのは、キリスト教の屋台骨とも言うべき五つの教説、つまり、㈠三位一体説、㈡奴隷意志説、㈢代理贖罪説、㈣予定説、㈤信仰のみによる義認説、である。これらは独立した教説に見えるが、実際は不可分な全体として有機的に結合している。キリスト教会最大の指導者たち、すなわちパウロ、アウグスティヌス、ルター、カルヴァンたちが、使徒信条、ニカイア信条、アタナシオス信条などに基づいて形成した、キリスト教の本流とされる教理体系である。

先述したとおり、スウェーデンボルグはまず㈠の三位一体説を、きわめて不明確、不合理な教理として、これをとらえ直した。教理史に照らしても、三位一体説が持ち出す「位格《ペルソナ》」の概念は、非常に曖昧なものであり、幾度も神学論争の火種となってきた。

彼は、この曖昧さが、父・子・聖霊を独立した別個の三つの人格、三つの神に事実上、分断してしまった元凶だと指摘する。彼は「神的な三一性《さんいつ》」つまり真の三位一体は、ちょうど私たちにおいて心・身体・活動が一つの統一体であるように、一なる神の一人格の中に存在すると考える。つまり、創造者なる父・救済者なる子・新生させる者（聖化する者）である聖霊の三者は、一神の一人格の有する三つの本質的要素なのである。彼はこう述べる。

三人の神が世界を創ったとか、創造と維持、贖罪と救済が三神の業《わざ》であって一神の業でないというようなことを、健全な理性を持つ誰が聞くに耐えられるだろうか。宗教と健全な理性を持った民族で、一神を承認しない民族は地球上のどこにもいない。イスラム教徒や、アジア、アフリカの一部の民族が、キリスト教徒は三神を拝していると見なし、これを嫌悪しているのは周知の事実である。（『新教会教理概要』37）

新しい教会の信仰の第一の教理は、神的な三一性を自らに内蔵する一神が存在し、その神とはイエス・キリストであるというものである。救済の効力のある信仰とは、彼を信じることである。（『新教会教理概要』44）

(二)の奴隷意志説とは、霊的、宗教的な事柄に対する人間の本性の全面的な無知と無力（これを「全堕落」と言う）を力説し、人間は「原罪」を受け継いでいるので、生まれつき善も正義も行なえず、その意志は悪しか行なえない奴隷意志だと主張する教説である。

スウェーデンボルグも確かに、神学著作の随所で「人間は悪以外の何ものでもない」と述べている。また、人間が自分の両親から受け継ぐ潜在的な悪は根絶されず、人間の霊的成長とともに中心から周辺部へと遠ざけられるだけだ、とも述べている。しかしこの言明は、経験に照らして見た人間の罪深さの表現であって、人間の意志や認識の全面的破壊を意味してはいない。

奴隷意志説は、他宗教と比べてキリスト教の人間洞察の鋭さを示す一つの特徴ではある。しかしこの説が、ほかの不合理な教説と有機的に結合すると、本来のキリスト教の中核がぼかされてしまうのである。

以上の二つの教説から流れ出るのが、㈢の代理贖罪説である。スウェーデンボルグがこの説をキリスト教の根本的な誤謬の一つと見なしたことは、先述のとおりである。

カルヴァン、ルターへの批判

誤った代理贖罪説は、カルヴァンの主唱した㈣の予定説と結びつく。予定説とは、人間が救われる・救われないは神の自由裁量にあって、救いに選ばれない者はどんな善行をしようが、ことごとく地獄に落ちるという教説である。スウェーデンボルグはこの説に対して烈火のごとく怒り、次のような激しい非難を浴びせた。

予定説は、直接的な慈悲による即時の救いに対する信仰から生まれ、またそれは、霊的な事柄に関する人間の絶対的無力と、自由意志の欠如を信じる信仰から生まれる。これは現代の教会の信仰が生んだ子供である。それは飛び回る火の蛇から生まれている。人類のある部分は地獄に落ちるように予定されている、というこの考え以上に有害で残酷な考えを、我々は神に関して抱いたり信じたりすることができようか。主は万人の創造主にして救済主であり、ただ主こそが万人を導き、何ぴとの死も欲することはない。したがって新しい教会の信仰は、予定説を怪物として忌み嫌う。（『新教会教理概要』66）

カルヴァンはジュネーヴで神政政治を行なったとき、スペインの医学者ミカエル・セルヴエトゥス（Michael Servetus）（一五一一頃―五三年）を異端の廉《かど》で火あぶりの刑に処している。セルヴエトゥスは、『三位一体説の誤謬』（*De Trinitatis Erroribus Libri Septem*, 1531）および『キリスト教の復元』（*Restitutio Christianismi*, 1553）を出版した、ある意味でスウェーデンボルグの先駆者だった。スウェーデンボルグがセルヴエトゥスの著作を読んだ形跡は見出せないが、カトリックにもプロテスタントにも与さず、しかしあくまでもキリスト者としてキリスト教を原理的に批判した点で、両者は共通している。ジュネーヴの中央広場で十字架に架けられたとき、セルヴェトゥスは、自説が聖書に矛盾するのであれば進んでそれを取り下げよう、と叫んだという。

さて、誤った代理贖罪説はルターの唱えた、㈤信仰のみによる義認説にもつながってゆく。この説は、人はただ信仰のみによって義とされる、つまり救われるというものである。ルターはカトリックの外面的な善行を糾弾して、内面的な信仰の価値を強調した。

しかしこの説の危険な側面は、人はどんなに悪い生活を送っても「贖罪」を「信仰」すれば救われるとして、善や愛の実践を軽視することである。日本の浄土教も似たような傾向を有するが、信仰や信心中心の教説は形骸化すると、死の直前にでも回心すれば救われるといった安易な救済観に堕落しやすい。

スウェーデンボルグは、祖国の国教であったルター派に対しても批判を辞さなかった。彼はこの説について、次のように述べている。

神は人間の行為を何ら顧慮せず、ただ信仰のみを顧慮するという説は、かの予定説という牝狼《めすおおかみ》を母として生まれた子供である。しかしこの説は、誤った、不敬虔で狡猾なものである。この信仰のみによる義認の教理は現在、改革派キリスト教世界にあまねく行き渡り、他のすべての教理を支配している。若い神学生たちはみな、この教理を貪《むさぼ》るように学び吸い込み、それによってあたかも天界の知恵を吹き込まれでもしたかのように、これを教会で教え、書物に著《あら》わしている。

（『新教会教理概要』81）

宗教の三つの原理

以上に見たように、五つの教説は有機的に結合して、キリスト教を強迫的で残酷な宗教に変質させ、これを混迷と暗黒の淵《ふち》に沈めたのであると、スウェーデンボルグは言う。彼によれば、これらの教説に共通するのは、神の全能性や「直接的な慈悲」に安易に訴える考え方である。それは、自説への偏執や自説の権威づけのためにあまりにも強引に持ち込んだ神学論理であり、そこには聖書の字義的でねじ曲げた解釈が見られる。

彼は、キリスト教というよりも、むしろ宗教の本質を、簡潔に次のように述べている。

聖書はそのどこにも、悪を避け、善を行ない、主なる神を信ずること以外のどんなことも教えてはいない。この三つがなければ、宗教は存在しない。なぜなら、宗教は生命に関わるものであって、生命とは悪を避け善を行なうことだからである。また、人間は自分自身によるものとして善を行ない悪を避けなくては、善を行ない悪を避けることはできないからである。この三つが教会から排除されるなら、同時に宗教も排除され、これらが排除されれば教会は教会でなくなってしまう。

（『新教会教理概要』44）

宗教と健全な理性を持つ世界のどの民族が、次のようなことを知らなかったり、信じなかったりするだろうか。つまり、一なる神が存在すること、悪を行なえば神にそむき、善を行なえば神と共にいるということ、善は神から流れ入り、善から宗教は成り立つが、人間は善を自らの霊魂、自らの心から、すなわち自らの力によって行なわねばならないということを。
（『新教会教理概要』46）

「普遍宗教」としてのキリスト教

スウェーデンボルグは『真のキリスト教』の中で、「愛と信仰」という主題に長い一章を割き、両者の関係を論じている。

彼によれば、人間の新生のプロセスにおいて、時間的には信仰が愛に先立つが、重要性においては愛が信仰より優位を占める。また、信仰を欠く愛は時として盲目的、偽善的になり、愛を欠く信仰は本当の信仰ではない。そうした信仰は「記憶の信仰」であって、信条への単なる固執にすぎない。真の信仰は愛の実践のうちに働き、愛は生きて働いている信仰であり、信仰の生命である。

彼は、キリスト教で愛、善き業《わざ》、善行、隣人愛などと呼ばれるものに、「仁愛」（caritas）という言葉を当てている。仁愛とは、病んだ者、貧しい者、困窮した者を助ける愛だけを指すのではない。

仁愛とは、各人が従事する務めや仕事や職業において、正当かつ忠実に行動することである。なぜなら、こうした人の行なうすべてのことは社会に役立ち、その役立ちこそが善だからである。

（『真のキリスト教』422）

むろん、仁愛はこのように職業や社会に向けられるだけでなく、もっと広く国家や世界、人類全体にも向けられるものであり、結局それは、あらゆる善の根源たる神への愛につながるものである。

このようにスウェーデンボルグの教説は、あまりに平明・直截《ちょくせつ》なので、肩透かしを食ったような感じを抱かせるかもしれない。それは実際、ごく常識的な宗教であり、道徳である。こうしたあたりまえの宗教の価値は、独善・偏見・排他といった、宗教が陥りがちな歪んだ側面によって傷ついた者に、いちばんよく分かるであろう。スウェーデンボルグの宗教が素朴すぎてつまらないと考える人がいるとしたら、その人は彼にオカルト的なものを期待しすぎているか、宗教や信仰の本質を神秘的なものと思い込んでいる人である。

私たちが一般にキリスト教のイメージを抱くのは、本章で述べてきたような教理や神学説を通してである。スウェーデンボルグは、神秘に満ち聖なる秘義を宿すように見えたその封印を剝ぎ取ってしまった。そこに現われたキリスト教は、実はまったく現代的で普遍的な宗教だったのである。

そこには「神の全能」を強引に振り回す論理はなく、自然な人間性を訴える常識的な宗教や倫理しか残っていない。しかも彼によれば、洗礼を受ける受けないはむろんのこと、たとえイエス・キリストへの信仰を知らなくとも、つまり、その信仰の対象が漠然とした神であっても、悪を慎み善を為《な》し愛に生きる、どんな民族も個人も救われ、救われた者は当然、現世においては内的に天界にいるし、死後ももちろん、そこで永遠に生きるのである。

スウェーデンボルグが自らに課した「規律」

彼の伝統的キリスト教への批判は、ゆきすぎと思えるほど苛烈なものだったが、それは、善や愛の価値を低めて無にまで貶めようとする、あらゆる偏狭な信仰や教説を嫌悪したがゆえである。彼の説く普遍的な宗教の原理をひとことで示す、彼自身の有名な言葉がある。

「宗教はすべて生命に関わるものであり、宗教の生命は善を行なうことにある」。

この言葉は、二〇世紀初頭、一九一〇年にロンドンで開かれた最初の国際スウェーデンボルグ学会で取り上げられた。その学会は当時のスウェーデン国王グスタフ五世の後援のもとに開かれ、世界各国の学者たちがスウェーデンボルグの科学・哲学・神学の先駆的業績を論じるために集まった。学会での講演録が残っているが、その付録のページに採用され、一五ヵ国語で記されているのが、この有名な言葉である（五ページ英訳参照）。

1910年のロンドンでの国際スウェーデンボルグ学会

同学会に出席した頃の鈴木大拙

晩年の鈴木大拙が揮毫した『天界と地獄』の書名（現代新社、1961年刊、渡会浩訳）

この学会には日本の代表として、当時四〇歳の鈴木大拙博士が出席した。彼がスウェーデンボルグの神学著作のいくつかを翻訳出版したのは学会の前後である。後年、世界的な仏教学者となった博士はこの頃すでに、スウェーデンボルグの説く革新的なキリスト教が東洋や日本の宗教、特に仏教と共通する多くの要素を持つことを洞察していた。そうして彼は、『スヱデンボルグ』という小著作に次のように書いている。

スヱデンボルグが神学上の所説は大《おおい》に仏教に似たり。我《プロプリアム》を捨てゝ神性の動くまゝに進退すべきことを説くところ、真の救済は信と行《ぎょう》との融和一致にあること、神性は智《ウィスダム》と愛《ラヴ》との化現なること、而《しか》して愛は智よりも高くして深きこと、神慮《ディヴァイン・プロヴィデンス》はすべての上に行き渉《わた》りて細大洩《もら》す事なきこと、世の中には偶然の事物と云ふもの一点もこれある事なく、筆の一運《ひとはこ》びにも深く神慮の籠《こも》れるありて、此処《ここ》に神智と神愛との発現を認め得《う》ること、此《かく》の如《ごと》きは何《いず》れも、宗教学者、殊《こと》に仏教徒の一方《ひとかた》ならぬ興味を惹《ひ》き起《おこ》すべきところならん。（『スヱデンボルグ』緒言、丙午出版社、一九一三年）

スウェーデンボルグは神学者に転身したあと、世間から完全に身を引いたわけではない。貴族院議員として政治の舞台でも活動を続け、また、著作の出版のために幾度も外国旅行をした。彼の紳士としての礼節は優れ、その神学の反対者たちでさえ、彼の人格を攻撃することはなかったと言われている。

彼が自らの日常生活の信条とした「規律」が、残された草稿の間から見つかっている。それを掲げてこの章を閉じたい。

規律

一、神の聖言を勤勉に読み、聖言を黙想すること。

二、神の摂理の配剤に満足すること。

三、行動の礼節を守り、良心を清く保つこと。

四、自分の職務と仕事を忠実に果たし、自分をあらゆることにおいて社会に役立たせること。

第六章　晩年の日々

1　中小の神学著作群

スウェーデンボルグは生涯に一二回の外国旅行をしている。それも大部分が著作の出版のためであった。『天界の秘義』の出版後も彼はロンドンとアムステルダムで、ほぼ毎年のように中小の神学著作を執筆し出版した。外国で出版したのは、スウェーデンではまだ宗教上の自由が制限されていたためと、印刷技術の導入が遅れていたためである。

ここで、一七五八年（七〇歳）から六八年（八〇歳）までに出された主な著作を概観しておきたい。前述したとおり、これらはあくまでも『天界の秘義』の中で分散していた主題を整理し、関連のある主題を一まとめにして一冊の著作に改訂したものである。しかし、形式的にはこのようにして編集されたとはいえ、思想の発展や、新たな霊的体験による情報の増補がなかったわけではない。以下、著作を挙げ、簡潔に内容を紹介する。

『天界と地獄』(*De Coelo et ejus Mirabilibus, et de Inferno*) 一七五八年刊

二〇世紀末に盛んに話題にのぼるようになった臨死体験の研究者たちは、スウェーデンボルグのこの書に注目する。この書には、死や死後の世界、不滅の霊魂、霊界、天界と地獄などが、詳細に論じられている。人間は死から甦って完全な人間の形態のまま霊界へ入り、生前形成した「優勢となった愛」が鮮明になるにつれて、さらに天界か地獄へ進むとされるが、本書にはその霊的なプロセスが描かれる。そのほか、霊界の太陽、天使の言葉、天界の政治、地獄のさまざまな状態なども、冷静な科学者の眼で観察されている。四〇ヵ国語に訳された、彼の代表作。

『最後の審判』(*De Ultimo Judicio*) 一七五八年刊

一七五七年初めから同年末にかけて、天界と地獄との中間領域である「霊たちの世界」で起こった大変動の描写。スウェーデンボルグはこれをつぶさに目撃し、キリスト教世界を中心に起こった「最後の審判」と呼んだ。オーソドックスなキリスト教教理に説かれている、地上での最後の審判はなぜ起こらないのかについての理由を述べ、審判は「霊たちの世界」で善悪のバランスが崩れ、悪に傾き善が脅《おび》やかされるときに起こると説く。ローマカトリック教徒やプロテスタント諸派の信者、イスラム教徒、異教徒に下された霊的審判が、生き生

きと描写されている。

『新エルサレムとその天界の教理』（*De Nova Hierosolyma et ejus Doctrina coelesti*）一七五八年刊

スウェーデンボルグは、「黙示録」第二一章にある天から降《くだ》って来る新しいエルサレムの都を、新しいキリスト教の象徴ととらえた。彼の霊的な神学体系は新しいキリスト教、新しい教会の教理でもある。古いキリスト教の誤りを正し、普遍的な視座から、他宗教の良質な点も取り込む形で記された教理書。

『宇宙の諸天体』（*De Telluribus in Mundo nostro Solari, quae vocantur Planetae*）一七五八年刊

霊界で接触した、地球以外の惑星から来た霊たちについて書かれた特殊な著作。彼は地球以外にも人類の居住可能な惑星が多く存在することを述べ、天文学的な見地からではなく、あくまでも自分の霊的観察に基づいてこの主題について考察している。太陽系内外の諸惑星には総じて、緑滴《したた》る豊饒な大地で人々が平和に暮らしているという。この書は近年、スウェーデンボルグ信奉者の「躓《つまず》きの石」となった。精密な観測機械を搭載したロケットは、火星や金星はほぼ死の世界だと報告しているからである。とはいえ、この書はあくまでも霊的な

惑星の見聞記なので、天文学的見地からの批判が的を射ているとは言えない。

『神の愛と知恵』(*Sapientia angelica de Divino Amore et de Divina Sapientia*) 一七六三年刊

神による宇宙と人類の創造を扱った、哲学的色彩の濃い代表作の一つ。スウェーデンボルグの神は唯一の実体であり、「神人」である。その本質は愛と知恵である。その神がなぜ、どのようにして宇宙と人類を創造したかが克明に論述されている。ここでは、時間や空間と霊的存在との関係や、霊界と自然界との関係といった複雑な哲学的問題も扱われる。さらに「連続的な階層」「不連続的な階層」というキーワードによって、自然界や霊界の階層的な構造が解明されている。

『神の摂理』(*Sapientia angelica de Divina Providentia*) 一七六四年刊

愛と善の神が、なぜ悪や不幸の存在する世界を創ったのか。これはいつの時代にも問われる神学上の大きなテーマである。神的摂理は人間の自由意志を容認しつつ、人間の永遠の幸福を究極目的に据えて働くという根本原則を踏まえ、この著作は摂理に関するどんな仔細な問題にも答えている。現世利益を求める信仰に対して、彼は人格の陶冶のような永遠の幸福に寄与するものとは異なる、一時的な名誉や富をそれ自体として評価しない。名誉や富は心の持ち方で祝福にも呪いにもなるから、善人にも悪人にも与えられる。そうしたものに心をとらわれず公共的なものに役立てれば祝福となるし、エゴが刺激されればかえって束縛となり呪いとなる。彼はまたこの書で、カルヴァンの予定説、つまり救いに予定された人間と地獄に予定された人間がいるという教説を、狂信的で残酷な異端として退けている。さらに、悪人が救われるために許されている悪もあり、悪がどうやって徐々に善へと撓《たわ》められるかについても論じている。

『啓示された黙示録』(*Apocalypsis Revelata*)一七六六年刊

この書が公刊される七年前に、スウェーデンボルグは大部の『黙示録講解』(*Apocalypsis Explicata*)を執筆したが、これを中断し、より簡潔な本書を公刊した。これは、「黙示録」の逐語的な釈義書。古来、「黙示録」をめぐるさまざまな解釈がある。彼は『天界の秘義』で確立した、「創世記」と「出エジプト記」の霊的な意味の解明に適用した独自の方法によって、「黙示録」に内蔵された真の意味を解いている。しかも、内的で霊的な意味に留まらず、キリスト教史との現実的な関連も視野に収めて、理性に訴える解き方をしている点が、この書の特徴である。

『霊界日記』(*Diarium Spirituale*) 遺稿、一八八三―一九〇二年刊

彼自身が公刊した著作ではないが、重要な遺稿である。彼は霊的世界へ参入した頃から、*Memorabilia* つまり備忘録として、自分のためにラテン語で日記を付けていた。死後、*Diarium Spirituale* という編集上の表題のもとに集成されたこの日記の記載期間は、一七四七年から六五年にまで及び、質・量ともに史上随一の霊的洞察と霊界探訪の文献となっている。記載事項は約六〇〇〇項目の膨大なもので、英訳書では全五巻である。この中には公刊した神学著作にあえて取り上げなかった多くの記述があり、彼の生《なま》の霊的体験を直接知ることができる。意味の取りにくい文や叙述の混乱も時おり見られる。

『結婚愛』(*Delitiae sapientiae de Amore conjugiali*) 一七六八年刊

スウェーデンボルグの批判者は、『夢日記』に記された性的な夢や、この『結婚愛』の一部の論述を不道徳的と指摘した。この書は彼の八〇歳のときの著作で、アムステルダムで出版された。彼はこの著作に初めて実名を付した。それまでのどの著作も、匿名で自費出版されたものである。性や結婚について語ることがタブー視されていた時代に、独身の人間が八〇歳の高齢で性や愛に関する大作（邦訳書では四六判で八七〇ページ）を出版したこと自体、驚嘆に値する。この書では、「善と真理の結婚」に起源する真の霊的な結婚の愛が中心的主題として扱われる。しかしそれだけでなく、性愛、離婚、一夫多妻、不倫、私通、内縁関係、姦淫、売春といった、性や愛に関わるあらゆることが、霊的な生命と関連させて論じられる。副題は「結婚の愛が生み出す英知の喜びと、奈落の愛が生み出す狂気の快楽」となっており、一夫一婦の結婚の愛に生きた夫婦は天界で再会し、青春時代の愛を永遠に享受するが、転倒した不純な愛は地獄の狂気の快楽と化すことが説かれている。

2　カントによる千里眼批判

超能力者スウェーデンボルグ

スウェーデンボルグの心霊的な能力は社会生活においてもしばしば発揮され、多くの逸話を生んだ。霊媒として故人の消息を家族に伝えるとか、ちょっとした未来予知とか、現在PSI（超常現象）として知られている出来事が、彼に関して報告されている。

彼自身はこうした異常な出来事に好奇の目で関心を示す態度を、人間の健全な精神生活にとって有害かつ危険なものと考え、他人から頼まれ、それが正当な理由を持つ場合以外は、こうした超常能力を行使することはなかった。

友人ロブサーム（八〇ページ参照）があるときスウェーデンボルグに、一般の人々も他界と交流できるかどうかを尋ねた。その際スウェーデンボルグは、断固としてこう答えている。

「こうした交流は狂気へ直通する道ですから、注意してください。というのは、人間に隠されている霊的な事柄を注視する状態において、人間は地獄の妄想から自らを引き離しておく方法を知らないうえ、そうした妄想は、人間が自分の把握を超えた天界の事柄をひとりよがりの思索によって発見しようとすると、その人間を混乱させてしまうからです。あなたは、不必要な探究によって自分を見失ってしまう神学生や、とりわけそうしたことをしたがる神学者たちが、どれほどしばしば理解力を損なうことになったかを、十分ご存知でしょう」（ターフェル『文書集録』Ⅰ）。

ストックホルム大火災を見通した千里眼

スウェーデンボルグのPSI能力に深い関心を示した同時代者のひとりが、ドイツの哲学者、若きカントだった。批判哲学を確立し後世の哲学や神学に強力な影響を及ぼしたカントの、スウェーデンボルグへの接近は興味深い問題なので、ここで取り上げてみたい。『天界の秘義』の出版完了後わずか二年して、スウェーデンボルグは第七次外国旅行に発《た》ちロンドンへ行った。そこで一年間に五冊の著作（「ロンドン五部作」と言われる）を出版して、一七五九年に帰国した。「スウェーデンボルグの千里眼」として後世の語り種《ぐさ》となった事件は、この帰国の途次に起こったのである。

七月一九日、土曜の夕方のことであった。スウェーデンボルグはイギリスから帆船に乗って、スウェーデン西海岸の都市イェーテボリに到着した。そして同市の商人だった友人、ウイリアム・カーステルの夕食会に招かれた。現在もサールグレン家として残っているカーステルの家には、ほかにも一五人の客が招かれていた。

食事中、スウェーデンボルグは極度に興奮し、顔面が蒼白となった。不安と焦燥に満ちた様子で、彼は幾度となく食卓を離れた。そして、騒然となった一同に向かって、

「今、ストックホルムで大火災が猛威を振るっている」

と、告げたのである。そして落ち着きを失ったまま再び外へ出て行き、戻って来ると、ひとりの友人に向かって言った。

「あなたの家は灰になった。私の家も危険だ」

その晩八時頃、もう一度外へ出て戻って来た彼は、大声で叫んだ。

「ありがたい！　火は私の家から三軒目で消えた」

同夜、来客のひとりが州知事にこの話をしたため、知事の依頼に応じて翌日、スウェーデンボルグは火事の詳細を話した。火事のあった二日後、通商局の使者がストックホルムからイェーテボリに到着した。両都市は約四八〇キロメートルも離れていたが、この使者の火災報告とスウェーデンボルグの語った内容とは、薄気味悪いほど一致していたのである。

カントによる批判と評価

ヨーロッパ中に知れ渡ったこの出来事に深い関心を抱いたカントは、かなり大がかりな調

40歳代中頃のカント

査を始めた。三九歳のカントが、その後援者の娘クノープロッホ嬢宛の手紙でこの事件の詳細な調査報告をしたのは、大火の四年後である。彼はその中で、スウェーデンボルグの千里眼は「何よりも強力な証明力を持ち、およそ考えられる一切の疑念を一掃してしまうように思われる」（『視霊者の夢』B版収録のカントの手紙）と述べている。

この手紙の中でカントはまた、スウェーデンボルグに手紙を書き、自分の質問事項にスウェーデンボルグが新刊書の中で答えるという約束をとりつけた、とも述べている。カントの依頼を受け実際にスウェーデンボルグに会った友人の伝えるところによると、スウェーデンボルグは「理性的で、親切で、率直な」人物であったという。

ところが二年経っても、スウェーデンボルグが新刊書の中でカントの質問に答えた形跡もなく（おそらく単純な失念と思われる）、またスウェーデンボルグの著作を送るという前述の友人の約束も果たされなかった。苛立ったカントは八巻もの分厚い『天界の秘義』を自ら買い込んで読み、一七六六年にスウェーデンボルグへの批判書『視霊者の夢』（*Träume eines Geistersehers*）の出版に踏み切ったのである。

カントの批判の痛烈さは、次のような言葉に反映している。「この著者の大著はナンセンスに満ち」「完全に空《から》で理性の一滴も含まない」。実際、カント学者K・フィッシャーは『視霊者の夢』を評して、カントにとって形而上学とスウェーデンボルグは「一撃でぴしゃりと殺されるべき二匹のハエ」だった、と述べている（E. F. Görwitz による『視霊者の夢』英訳版（一八九九年）の Frank Sewall の序言）。

しかしカントは、表面上はともかく、スウェーデンボルグの心霊能力や思想に対してのみならず、霊的な存在一般に対して終始、両面価値的《アンビヴァレント》な態度を見せている。すなわち、カント自身、超自然的なものをどう処理してよいか、まだ確信が持てなかったのである。だからこそカントは、スウェーデンボルグの「大著は理性の一滴も含まない。それにもかかわらず、その中には、同様の対象に関して理性の最も精細な思弁がなしうる思考との、驚くべき一致が見られる」（『視霊者の夢』B版）と述べざるをえなかったのである。この批判書において彼はまた、スウェーデンボルグの千里眼に関して、「真実であるという完全な証明が容易に与えられるに違いない種類」の出来事である、と明言している。

その思索の方法は異なるものの、カントの哲学とスウェーデンボルグの思想には、英知界と感性界（スウェーデンボルグでは霊界と自然界）という二世界の分立、時間と空間の観念性、霊魂の不死に関する思索、宗教における道徳性の強調などの点で、本質的に共通している部分がある。

カントは『視霊者の夢』出版の四年後、ケーニヒスベルク大学の教授になり、そののち一〇年以上の長い沈黙期間を経て『純粋理性批判』を出版し、不動の名声を確立した。この沈黙の期間の講義で彼が再びスウェーデンボルグに言及し、次のように評したことは注目に値しよう。

「スウェーデンボルグの思想は崇高である。霊界は特別な、実在的宇宙を構成しており、この実在的宇宙は感性界から区別されねばならない英知界である、と彼は述べている」（K・ペーリッツ編『カントの形而上学講義』、一八二一年）。

ユングの「共時性」による千里眼理解

二〇世紀に入ると、C・G・ユングがスウェーデンボルグの千里眼に注目した。医学生の頃にスウェーデンボルグの分厚い七巻の書物を読んだユングは、彼を「偉大な科学者にして神秘家」と称《たた》えた。また、物理学者W・パウリとの共著『自然の解明と精神《プシュケー》』(*Naturerklärung und Psyche*, Zürich, 1952）において、自分の「共時性《シンクロニシティ》」の理論の例証として、前述のストックホルムの大火の件を引き合いに出し、こう述べている。

〔…〕ストックホルムにおいて火事が起こっているという幻視がスウェーデンボルグの内

に起こったとき、その二者間に何も証明できるようなもの、あるいは考えられるようなつながりすらもないのに、その時、そこで実際に火事がいかり狂っていた。〔…〕彼を「絶対知識」に接近させた意識閾《いき》の低下が存在したと、われわれは想像する。ある意味で、ストックホルムにおける火事は、彼の心の内でも燃えていた。無意識の精神にとって空間と時間は相対的であるように思われる。つまり、空間はもはや空間でなく、また時間はもはや時間でないような時‐空連続体の中で、知識はそれ自身を見出すのである。それゆえ、無意識が、意識の方向にポテンシャルを保ち、発展させるならば、そのとき、並行事象が知覚されたり「知られ」たりすることは可能である。

（『自然現象と心の構造』河合隼雄・村上陽一郎共訳、海鳴社、一九七六年）

ユングは因果律の原理を認めながらも、意味深い偶然の一致という現象を説明するために、「非因果的」でしかも「同時的な」二事象間を関連づける原理、すなわち「共時性」を導入した。「共時性」は一つの仮説だが、スウェーデンボルグの千里眼を容認しつつも結局その説明ができなかったカントと違い、ともかくこの千里眼の学問的な説明を試みたという意義は大きい。

3 異端裁判と予告した死

ルター派による迫害

一七六八年、八〇歳を迎えたスウェーデンボルグは、『結婚愛』その他の著作の出版のために、第一一次外国旅行に発った。そして『結婚愛』に初めて実名を付し、アムステルダムでそれを出版したあと、パリとロンドンでも小著作を出版し、翌年ストックホルムへの帰途に就いた。

この頃、国内では彼の一連の神学著作をめぐって不穏な空気が漂っていた。それらは匿名出版とはいえ、著者の名は広く知れ渡っており、すでにドイツではカントや神学者J・A・エルネスティが、スウェーデンボルグを公然と批判していた。

国内の数少ない支持者には、イエーテボリ宗教法院の会員G・バイエル博士と、ルンド大学の弁論術と詩学の教授J・ローセン博士がいた。彼らはスウェーデンボルグの教説にきわめて好意的な論文や著作を書いたため、異端狩りの手はまず彼らに伸びたのである。

先の外国旅行の帰途に彼がイエーテボリに到着したとき、この都市の有力な聖職者であるO・エーケボームとE・ラムベリが、彼を異端者として告発しようと待ち構え、彼の著書の入っている船積み用の箱を没収するのに成功した。彼の甥であったフィレニウス主教までもが、彼の著作の排斥運動に加担したのである。

エーケボームの批判は、スウェーデンボルグの教説が国教であるルター派の教義に反しており、「腐敗して異端的で、神のことばに真っ向から対立し、最も許容しがたい誤謬に満ちている」というものであった。ラムベリは、『結婚愛』が「あまりにイスラム教に染まっている」と非難した。というのは、スウェーデンボルグがイスラム教徒の一夫多妻を寛容に扱ったり、内縁関係を場合に応じて容認する考えをこの著作で表明したからである。

告発は教会会議や王室会議に持ち込まれ、論争に巻き込まれたスウェーデンボルグと、彼を支持する二人の博士は、果断な弁明を繰り返した。形骸化したキリスト教の告発者として、神学著作の随所でゆきすぎとも思われるほどの厳しい批判を辞さなかったスウェーデンボルグは、迫害に対しても激しく抵抗し、自身への批判を「まったくの侮辱であり、悪魔のあざけりである」とやり返した。また甥のフィレニウス主教のことも、「現代のイスカリオテのユダ」と決めつけている。

しかし一七七〇年の四月二六日、王室会議はスウェーデンボルグの著作と教説を全面的に断罪し、その普及を禁止した。自分の支持者にして友人だった両博士が、これによって生計の道を奪われるまでに迫害されるのを心配したスウェーデンボルグは、ついに国王アドルフ・フレデリク（在位一七五一―七一年）に直訴し、事態の収拾を図った。

同年五月二五日付の国王宛の手紙で彼は、二人の博士と自分の著作が「真理のひとかけらもない罵詈雑言《ばりぞうごん》をもってなされた、残忍な迫害の殉教者になってしまった」と、その苦渋を訴えている。国王は彼に好意的だったため、二人の博士は条件付きで復職することができ、スウェーデンボルグ自身もそれ以上の迫害を免れることになった。しかし、異端裁判そのものは最後まで決着がつかないままであった。

この異端裁判に対して自らの立場を鮮明にする必要もあって、彼はこの年から最後の大作『真のキリスト教』(*Vera Christiana Religio*)を書き始めた。こうしてカトリック教会ともプロテスタントの諸教会とも袂《たもと》を分かち、イエスの教えの原点への復帰をめざす「新しい教会」の教理体系が一年で書き上げられたのである。

予告通りの三月二九日……

「預言者はその故郷では敬《うやま》われない」と観念したのか、一七七一年、八三歳のスウェーデンボルグは、青年時代より愛し続けたロンドンに向かって旅立ち、再び故国に帰ることはなかった。六月にアムステルダムで『真のキリスト教』を出版し、九月にロンドンのかつら職人リチャード・シアスミスのもとに寄宿した。

ロンドンには古い友人もおり、彼らと交流したり、『真のキリスト教』を増補する草稿を執筆したりして、スウェーデンボルグは静かな日々を送った。時おり家人は、彼が居室で声高に話しているのを聞いたが、それは彼がヴィジョンの中に現われた霊たちに向かって話していたのである。

　その年のクリスマスの直前、彼は軽い心臓発作に襲われたが、一ヵ月もしないうちに回復し、著述も再開した。だが、翌一七七二年の二月には、もう執筆ができないほどの衰弱に陥った。それでもなお、彼の精神は活発だった。

　この頃、メソジスト教会の創立者ジョン・ウェスレーはロンドンで、信仰復興のための旅行計画を立てていた。その彼のもとへ、驚くべき一通の手紙が舞い込んだのである。

　彼は集まっていた仲間たちに、この手紙を読み上げた。その手紙には、「小生は霊たちの世界にて、貴殿が小生と話したいという強い願望をお持ちであると知らされております。もし貴殿が小生をお訪ねくださるなら、喜んで貴殿にお目にかかりましょう。貴殿の卑しい僕《しもべ》エマヌエル・スウェーデンボルグ」とあった。ウェスレーは仲間たちに、自分がそうした願望を持っていたこと、それをまだ誰にも話していないことを打ち明けた。

　彼は返事を出し、自分は半年間の旅行に出かけようとしているところなのですぐには伺えないが、帰りしだい訪問したい、と伝え

晩年のスウェーデンボルグ

ロンドンのスウェーデン教会

巡洋艦フュルギアの甲板に
置かれたスウェーデンボル
グの棺

ウプサラ大聖堂内のスウェーデ
ンボルグ墓所

た。スウェーデンボルグはこれに対して、「そのときでは遅すぎるでしょう。小生は三月二九日にこの世を去ることになっていますゆえ」と答えている。しかしウェスレーはそのまま旅行に出かけ、スウェーデンボルグには会っていない。

三月二九日の夕方、付き添っていたシアスミス家の家政婦に、スウェーデンボルグは時間を尋ねた。「五時です」と彼女が告げると、「ありがとう。あなたに神の祝福があるように」と答えて、静かに息を引き取った。

スウェーデンボルグの亡骸《なきがら》は、ロンドン塔の近くにあったスウェーデン教会の墓所に安置された。二〇世紀になってこの教会が閉鎖のために取り壊されるおそれが生じたため、一九〇八年、スウェーデン王立アカデミーは、遺骸をスウェーデンに持ち帰るように手配した。

こうして、政府の派遣した巡洋艦で運ばれ、一三六年ぶりに故国に帰ったスウェーデンボルグの遺骸は、ウプサラ大聖堂に安置された。現在もその石棺は、縁者であったカール・リンネの石棺の隣に並んでいる。

4　ロンドンの「新エルサレム」教会

「スウェーデンボルグ派」教会の設立

スウェーデンボルグは死のほぼ直前まで、『真のキリスト教』の増補となるべき草稿を書き続けた。それは、独自の史観に立つ人類の宗教史の素描であった。太古の時代から彼の時代に至り、そこから二一世紀までをも展望する、原宗教・普遍宗教の歴史を、彼は「原古代教会」→「古代教会」→「イスラエル（ユダヤ）教会」→「キリスト教会」→「新しい教会」という流れでとらえている。

「新しい教会」の時代は、キリスト教が内なる生命を喪失しつつあった、彼自身の生きた時代に始まる。これは、キリスト教の真の精神を復元することによって、先史時代から地下水脈のように人類の無意識の奥底に脈打って流れていた原宗教を回復してゆく時代である。

聖言に内蔵された普遍的な意味の開顕に礎《いしずえ》を据える新しい宗教の象徴として、彼は「新エルサレム」という名称を選んだ。これは特定の教会や宗教を指すものではない。人類が本来有した原宗教の復元、すなわち個別的な教会や宗教の根底に眠っている原宗教の覚醒を象徴する呼称なのである。それゆえスウェーデンボルグ自身は、個別的などんな教会や宗教も興そうとはしなかった。

しかし彼の生前から、特にロンドンには「新エルサレム」の熱心な支持者たちがいた。彼らはスウェーデンボルグの死後一〇年も経たないうちに、個別的なスウェーデンボルグ派の教会づくりを始め、一七八七年には「新エルサレム」の名を冠した実際の教会を組織してしまった。

メンバーの中には、若きジョン・フラクスマン（John Flaxman）（一七五五—一八二六年）がいた。その翌年の暮れに、数十人のメンバーたちは教勢を伸ばすために、スウェーデンボルグの神学書の愛読者約五〇〇人に宛て、仲間に加わるよう呼びかける手紙を送った。フラクスマンの親友だったウィリアム・ブレイク（William Blake）（一七五七―一八二七年）が、妻キャサリーンと共に新エルサレム教会の門をくぐったのは、一七八九年であった。

フラクスマンは、当時イギリスで最も高い評価を受けた彫刻家で、ロイヤルアカデミーの最初の彫刻学教授となった。ブレイクは言うまでもなく、ロマン派の詩人であり画家である。

ブレイクとフラクスマンへの影響

やがてブレイクは、この教会の人間関係につまずき離れていったが、スウェーデンボルグの影響は生涯彼に及んだ。批評家の中には、作品にしばしば表われるスウェーデンボルグへの反感が表面的なものにすぎないことを理解せず、彼の影響があったのは初期の頃だけだと考える者がいる。しかし、それは誤りである。なぜならブレイク自身が晩年、友人のC・ロビンソン（Crabb Robinson）のインタヴューに答えて、スウェーデンボルグを自分の「聖なる師」（a divine teacher）であると語っているからである（M. Gyllenhaal, *New Light*, Pennsylvania: Glencairn Museum, 1988）。

46歳頃のブレイク（フラクスマンによる鉛筆画）

ブレイクは、いわば反抗して親離れしたスウェーデンボルグ派の詩人である。彼はその師に敵意をむき出しにして『天国と地獄の結婚』（一七九〇―九三年頃執筆）などの詩も書いたが、詩篇『ミルトン』（一八〇四―一〇年執筆）では、「おお、スウェーデンボルグよ！人間の中で最強の者、教会によって髪を切られたサムソンよ！」と謳っている。

次に要約して紹介する散文詩『一切の宗教は一つなり』（一七八八年執筆）は、神を神人と見なしたり原宗教の復元をめざしたりするスウェーデンボルグの思想が、ブレイク独自の詩的表現にもたらされたものと思われてならない。

> 哲学のあらゆる流派はどれも「詩霊」（Poetic Genius）から生まれているが、個々人の弱点に順応している。あらゆる民族の宗教は、各民族が「詩霊」を別々に受容した結果生まれたものである。「詩霊」はどこでも預言の霊と呼ばれる。ユダヤ教およびキリスト教の聖書は、もともと「詩霊」から生まれたものである。差違は無限にあっても人間

はみな似ているように、一切の宗教も同一の根源を有している。真の「人間」(Man)こそ、この根源であり、真の「人間」は「詩霊」にほかならない。

一方、フラクスマンは新エルサレム教会の生涯にわたる熱心な信奉者であり、援助者であった。彼は、芸術の真の目的は真理の瞑想へと心を高揚させることだと信じていた。また彼は、スウェーデンボルグの教説から得た、霊は肉体と同じ形態を持つという思想に基づいて、霊を身体をそなえた形態で作品に表現した。H・W・ジャンスン(H. W. Janson)(一九一三—八二年)の研究によると、これは美術史上で初めての試みだった。古代では霊は蝶として、中世では「超小人」(homunculus)として表現されたからである(*New Light*, op. cit.)。

ブレイク「丘の上のアルビオン」(『エルサレム』より)

彼の友人でもあった前述のロビンソンは、彼について次のように記している。

フラクスマンは「スウェーデンボルグは旧約・新約聖書に真の解釈を施したと私は確

フラクスマン「サラ・モーリの墓碑」
（船上で分娩中に死亡したモーリ夫人とその子が波間から昇天してゆく）

信しています」と語った。また彼は、スウェーデンボルグを霊感を吹き込まれた指導者だと信じている。さらに彼は言っている。「スウェーデンボルグの聖書の解説を読むまでは、私にとって聖書は苦痛に満ちた神秘でした」と。（*New Light*, op. cit.）

人によって受け容れ方はさまざまだが、こうしてスウェーデンボルグの宗教思想は、イギリスを起点に全世界へと広がっていったのである。

スウェーデンボルグに魅了された人々

一九世紀と二〇世紀における、スウェーデンボルグの思想の世界的な伝播を通観しておこう。

「新エルサレム」の流れを汲む、いわゆるスウェーデンボルグ派の教会は、英米を中心に世界各地で組織された。しかし、現在でも教会員の数は少なく、世界中で五万人程度であろう。その理由は、彼の神学のインパクトが弱かったからではない。むしろ、それがあまりに斬新で普遍的だったからである。

しかし、教会の組織活動は、スウェーデンボルグが後世に残した影響の、ごく小さな断片にすぎない。彼の思想に魅了された人々は多い。以下、国別にそうした人々の一部を挙げてみよう。

イギリスでは、詩人のS・T・コールリッジ（一七七二―一八三四年）やブラウニング夫妻（ロバート、一八一二―八九年／エリザベス、一八〇六―六一年）、批評家のT・カーライル（一七九五―一八八一年）らがいる。また、神学者ヘンリー・ドラモンド（一八五一―九七年）は、進化論とキリスト教を調和させようとした最初の人物として著名だが、スウェーデンボルグ派の神学大学で教えている。さらに、作家のコナン・ドイル（一八五九―一九三〇年）やコリン・ウィルソン（一九三一―二〇一三年）も、スウェーデンボルグの愛読者である。

アイルランドの詩人W・イェイツ（一八六五―一九三九年）もまた、熱心にスウェーデンボルグを学んだひとりである。イェイツの自叙伝によれば、彼はノーベル文学賞受賞の際、詩人に耳を傾ける若者の姿が描かれた賞状を見て、「自分の若さの夜明けに向かって絶えず歩み続ける」という、スウェーデンボルグのヴィジョンに現われる天使（一〇八―一一〇ページ参照）を思ったという。

アメリカでは、開拓時代にりんごの木を植えた男として民話のヒーローになった、ジョニー・アップルシード（本名ジョン・チャプマン）（一七七四―一八四五年）の名をまず挙げねばならない。彼はりんごの種の入った袋と共にスウェーデンボルグの本を携えて、各地を回ったのである。R・W・エマーソン（一八〇三―八二年）は『代表的偉人論』（一八五〇年）の中に、「神秘に生きる人」スウェーデンボルグを加えた。エマーソンやカーライルの友人だった社会事業家で宗教哲学者のヘンリー・ジェイムズ（一八一一―八二年）は、同名の小説家ヘンリー・ジェイムズ（一八四三―一九一六年）と、プラグマティズムの哲学者・心理学者ウィリアム・ジェイムズ（一八四二―一九一〇年）の父親であるが、彼は熱烈なスウェーデンボルグの信奉者だった。そのため息子のヘンリー・ジェイムズは、「私たちの家庭生活の中央にはスウェーデンボルグの聖堂が立っていた」と述懐している。また三重苦の聖女と言われたヘレン・ケラー（一八八〇―一九六八年）は、生涯にわたるスウェーデンボルグ主義者であり、四七歳のとき自らの信仰を告白した『私の宗教』を書いている。

ドイツでは、カントの一撃によって、スウェーデンボルグを公然と取り上げることが困難な状況が続いた。しかし、スウェーデンボルグの生前に彼の著作の独訳を出版した、スウェーデンボルグと文通によって交流を深めていたドイツの神学者F・C・エティンガー（一七〇二―八二年）をはじめ、J・W・v・ゲーテ（一七四九―一八三二年）、F・シェリング（一七七五―一八五四年）、A・ショーペンハウエル（一七八八―一八六〇年）などがスウェーデンボルグに強い関心を寄せた。二〇世紀になって、マールブルク大学の神学部長を務めた教会史家E・ベンツ（一九〇七―七八年）は、五〇〇ページを超えるスウェーデンボルグの評伝を書いている。

フランスでは、H・バルザック（一七九九―一八五〇年）、C－P・ボードレール（一八二一―六七年）、P・ヴァレリー（一八七一―一九四五年）がスウェーデンボルグに注目した。バルザックは『ルイ・ランベール』において、「北欧の仏陀」スウェーデンボルグの宗教を評して「卓越した精神が受容しうる唯一の宗教」と述べている。ボードレールの有名な詩『照応』は、スウェーデンボルグの照応の理説の詩的表現である。二〇世紀のイスラム学の権威アンリ・コルバン（一九〇三―七八年）もまた、スウェーデンボルグに注目した。

祖国スウェーデンでは、J・A・ストリンドベリ（一八四九―一九一二年）の文学への影響が最も大きい。彼にとってスウェーデンボルグは、「地獄の中を導いてくれるウェルギリウス〔ダンテ『神曲』中の案内者〕」であった。作家C・J・L・アルムクヴィスト（一七九三―一八六六年）、宗教史家N・ゼーデルブロム（一八六六―一九三一年）も、スウェーデンボルグを熱心に学んでいる。

ロシアでは、F・ドストエフスキー（一八二一―八一年）への影響が顕著である。『罪と罰』（一八六六年）のスヴィドリガイロフの性格描写や『カラマーゾフの兄弟』（一八八〇年）のゾシマ長老の説教に、スウェーデンボルグの教説の反映が見られる（後述のミウォシュによる)。ちなみに、ソ連邦崩壊後、ロシア、ウクライナをはじめ東欧諸国では、スウェーデンボルグの著作の翻訳が急増しているという。

ポーランドでは、一九世紀の詩人A・ミツキエヴィチ(一七九八―一八五五年)と、一九八〇年度のノーベル文学賞受賞詩人C・ミウォシュ(一九一一―二〇〇四年)が特筆に値する。ミウォシュはアメリカに移住し、晩年までブレイクやスウェーデンボルグについて健筆を揮《ふる》っていた。

この他の国々では、アルゼンチンの小説家J・L・ボルヘス(一八九九―一九八六年)、オーストラリアの首相であったA・ディーキン(一八五六―一九一九年)がいる。ディーキンは二〇世紀初頭、「スウェーデンボルグの福音」と彼が名づけた思想を政治理念として、故国の政治活動にたずさわった。

現代に生きるスウェーデンボルグのヴィジョン

二〇世紀後半を指す「ニューエイジ」という言葉が、一時期盛んに言われていた。そのニューエイジを特徴づける根本的な思考様式や方向づけが、スウェーデンボルグの思想の中には豊かに見出される。イギリスの研究者スタンレー(Michael W. Stanley)(一九三六年生)は、スウェーデンボルグの思想と一致するニューエイジのキー概念を一三にわたって挙げている("The Relevance of Emanuel Swedenborg's Theological Concepts for the New

"Age as It Is Envisioned Today", in Robin Larsen (ed.), *Emanuel Swedenborg: A Continuing Vision*, New York: Swedenborg Foundation, 1988)。

(一)「源泉」「無限なるもの」「絶対者」「神」「聖」「ブラフマン」「アラー」等々、何と呼ばれるにせよ、根源的生命が一つであること。
(二)宇宙的（普遍的）なキリストないし仏陀が万人に内在すること。
(三)ホリスティック〔全体論的〕で有機的な観点。
(四)左脳的思考様式と右脳的思考様式のバランス——知性と心情の調和。
(五)諸聖典の秘義的意味の解明。
(六)内なる信仰の力。
(七)自由意志と責任性の高揚。
(八)高次の自己（内なるキリスト）との連結。
(九)霊的な変容と成長。
(一〇)女性性の解放と直観的機能の回復。
(一一)内なるキリストの再臨。
(一二)死後の生ないし生命の存続。
(一三)霊的存在者による援助。

スウェーデンボルグの思想は、その一八世紀的な制約を外してとらえ直すなら、現代においてなお、現状打破のための多くの示唆と来《きた》るべき新時代へのヴィジョンを与え続けていると言えよう。

参考文献

スウェーデンボルグの科学著作と神学著作（ラテン語原典、英訳書）は、米国ペンシルヴァニア州ウェストチェスター（一九九三年にニューヨークより移転）の「スウェーデンボルグ財団」(Swedenborg Foundation) とロンドンの「スウェーデンボルグ協会」(Swedenborg Society) から発行されている。独訳書はチューリッヒの Swedenborg Verlag が扱っている。科学著作は上記の出版元のほか、ペンシルヴァニア州ブラインアタインの「スウェーデンボルグ科学協会」(Swedenborg Scientific Association) でも発行されているが、おもに英訳書である。

スウェーデンボルグの神学著作の邦訳書には、ラテン語原典訳と、英訳書からの重訳がある。ラテン語原典訳は長島達也氏により、『天界と地獄』『真のキリスト教』『神の愛と知恵』『神の摂理』『結婚愛』『宇宙の諸天体』などがアルカナ出版から発行されている。最大の神学著作『天界の秘義』は、英訳書からの重訳だが、柳瀬芳意氏によるものが静思社から出ている（全二八巻）。その他の中小の神学著作のほぼすべても静思社から発行されている。科学著作の邦訳書はまだ一冊もない。

スウェーデンボルグの紹介書・研究書では、日本人の手になる本格的なものは非常に少ない。参考までに四冊を挙げておく。これらは著者の独自の観点から書かれたというよりも、かなりの部分を欧米の研究書に負っている。


鈴木大拙『スヱデンボルグ』(丙午出版社、一九一三年)。

金井為一郎『スエデンボルグ伝及「基督論」』(新生堂、一九三五年)。

渋谷協『スエデンボルグに啓示された死後の世界』I・II(神智と神愛社、一九七二・八〇年)。

柳瀬芳意『スエデンボルグの生涯と思想』(静思社、一九七八年)。


邦訳の評伝や研究書は、一九七〇年代から徐々に出版されてきた。欧米の研究水準から見てまだきわめて少ないが、主要な邦訳書を挙げておこう。


ヂョージ・トロブリッヂ『スェデンボルグ——その生涯、信仰、教説』(柳瀬芳意訳、静思社、一九六一年)。

ウィルソン・ヴァン・デュセン『霊感者スウェデンボルグ——その心理学的・心霊科学的探究』(今村光一訳、日本教文社、一九八四年)。

アルフレッド・アクトン『転身期のスウェーデンボリ』(高橋和夫訳、未来社、一九八七年)。

ヒューゴー・Lj・オドナー『スウェデンボルグの超生理学』(高橋和夫訳、日本教文社、一九八八年)。

サイン・トクスヴィグ『巨人・スウェデンボルグ伝——科学から霊的世界までを見てきた男』(今村光一訳、徳間書店、一九八八年)。

ブライアン・キングズレイク『スウェーデンボルグの神秘的生涯——霊界を見てきた大天才科学

者』（高橋和夫訳、たま出版、一九九二年）。

ヒューゴ・オドナー他『スウェーデンボルグの創造的宇宙論』（高橋和夫編訳、めるくまーる、一九九二年）。

ロビン・ラーセン編『エマヌエル・スウェーデンボルグ――持続するヴィジョン』（高橋和夫監修、春秋社、一九九二年）。

ヒューゴ・Lj・オードゥナー『スウェデンボルグの「霊界」――死後の〝生〟と〝最期の審判〟』（今村光一訳、徳間書店、一九九三年）。

ブルース・ヘンダーソン『スウェーデンボルグの死後世界』（鈴木泰之訳、たま出版、一九九四年）。

欧文の評伝や研究書のうち、重要と思われるものを以下にまとめてみた。なお、本書の執筆にあたり、これらの著作を参照し多くの示唆を受けたことを付記しておく。

Acton, Alfred (ed. and trans.), *The Letters and Memorials of Emanuel Swedenborg*, 2 vols., Pennsylvania: Swedenborg Scientific Association, 1948-55.

Bellin, Harvey F. and Darrell Ruhl (eds.), *Blake and Swedenborg: Opposition is True Friendship*, New York: Swedenborg Foundation, 1985.

Benz, Ernst, *Emanuel Swedenborg: Naturforscher und Seher*, Zürich: Swedenborg Verlag, 1969.

Berridge, Norman J., *The Natural Basis of Spiritual Reality*, Pennsylvania: Swedenborg

Scientific Association, 1992.

Blackmer, Carolyn, *Essays on Spiritual Psychology*, New York: Swedenborg Foundation, 1991.

Block, Marguerite B., *The New Church in the New World: A Study of Swedenborgianism in America*, New York: Swedenborg Publishing Association, 1984.

Brock, Erland J. (ed.), *Swedenborg and His Influence*, Pennsylvania: Academy of the New Church, 1988.

Corbin, Henry, *Swedenborg and Esoteric Islam*, translated by Leonard Fox, Pennsylvania: Swedenborg Foundation, 1995.

Djurklou, Catherine, *Emanuel Swedenborg*, translated by Inge Jonsson, New York, 1971.

Dole, George F., *A View from Within*, New York: Swedenborg Foundation, 1985.

Florschütz, Gottlieb, *Swedenborgs verborgene Wirkung auf Kant: Swedenborg und die okkulten Phänomene aus der Sicht von Kant und Schopenhauer*, Würzburg: Königshausen & Neumann, 1992.

Grange, Alan, *The Structure of New Church Teaching*, London, 1966.

Groll, Ursula, *Emanuel Swedenborg und das Neue Zeitalter*, St. Goar: Reichl Verlag der Leuchter, 1993.

Horton, Walter M., *Emanuel Swedenborg: His Significance for Contemporary Theology, His Vision of a United Christianity and Contemporary Bible Interpretation,* New York:

Swedenborg Foundation, 1965.

Hyde, James, *A Bibliography of the Works of Emanuel Swedenborg: Original and Translated*, London: Swedenborg Society, 1906.

Keller, Helen, *My Religion*, London: Hodder and Stoughton, 1927.

King, Thomas A., *Allegories of Genesis*, New York: Swedenborg Foundation, 1982.

Lamm, Martin, *Swedenborg: En studie öfver hans utveckling till mystiker och andeskådare*, Stockholm: Geber, 1915.

Larson, Martin A., *New Thought Religion: A Philosophy for Health, Happiness, and Prosperity*, New York: Philosophical Library, 1987.

Potts, John F. (comp., ed. and trans.), *The Swedenborg Concordance: A Complete Work of Reference to the Theological Writings of Emanuel Swedenborg Based on the Original Latin Writings of the Author*, 6 vols., London: Swedenborg Society, 1888-1902.

Ramstrom, Martin, *Emanuel Swedenborg's Investigations in Natural Science and the Basis for His Statements Concerning the Functions of the Brain*, Uppsala: University of Uppsala, 1910.

Searle, Arthur H., *General Index to Swedenborg's Scripture Quotations*, London: Swedenborg Society, 1954.

Sigstedt, Cyriel O., *The Swedenborg Epic: The Life and Works of Emanuel Swedenborg*, London: Swedenborg Society, 1981.

Söderberg, Henry, *Swedenborg's 1714 Airplane: A Machine to Fly in the Air*, New York: Swedenborg Foundation, 1988.

Stanley, Michael W. (ed.), *Emanuel Swedenborg: Essential Readings*, Wellingborough: Crucible, 1988.

Swedenborg Society, *Transactions of the International Swedenborg Congress, Held in Connection with the Celebration of the Swedenborg Society's Centenary, London, July 4 to 8, 1910*, London, 1911.

Tafel, Rudolph L., *Documents Concerning the Life and Character of Emanuel Swedenborg*, 2 vols., London: Swedenborg Society, 1875-77.

Warren, Samuel M., *A Compendium of the Theological Writings of Emanuel Swedenborg*, New York: Swedenborg Foundation, 1979.

Woofenden, William R., *Swedenborg Researcher's Manual: A Research Reference Manual for Writers of Academic Dissertations and for Other Scholars*, Pennsylvania: Swedenborg Scientific Association, 1988.

Worcester, Benjamin, *The Life and Mission of Emanuel Swedenborg*, Boston: Roberts Brothers, 1883.

あとがき

本書で試みたのは、スウェーデンボルグの簡潔な伝記と思想のエッセンスの紹介である。特に斬新さを狙ったつもりはないが、できるかぎり現代的な視座からの紹介に努めた。

従来の紹介は宗教思想だけを扱いがちで、それもキリスト教の枠内で論じたものが多かったため、筆者は、彼の科学や哲学も考察の視野に収めなければ、その思想の全体像をとらえきれないと思った。そのため『原理論』や解剖学・生理学・心理学の著作の考察にも、かなりのページを割くことになった。

一般にスウェーデンボルグに対して抱かれるイメージは、狂信的な心霊術士、史上随一の霊界探訪者、神秘家に転身した天才科学者、精神を病んだグロテスクな神学者、といったものであろうか。本書ではこうしたまちまちな評価の間に入り込んで、その生涯と著作に即して、真実のスウェーデンボルグ像を描出しようと試みたつもりである。これが成功したかどうかは、読者諸賢の判断を仰ぐほかない。

書き終えて感じたことが二つある。一つは、スウェーデンボルグのキリスト教批判の激しさである。特に従来の贖罪観への批判は、キリスト教の根幹を揺るがしかねないほどのものだが、彼のような考えに立つ後代の学者もいることを、ここで指摘しておきたい。それは、ロシアの哲学者ベルジャーエフ（Nikolai A. Berdyaev）（一八七四—一九四八年）と、スウェーデンの神学者アウレン（Gustav E. H. Aulén）（一八七九—一九七七年）である。

ベルジャーエフはその著作『奴隷状態と自由』において、またアウレンは『勝利者キリスト』において、伝統的な贖罪観を否認している。ニーチェが「神は死んだ」と叫んでから久しいが、スウェーデンボルグの宗教思想はキリスト教のみならず、あらゆる宗教を活性化する酵素のような役割を果たすものと思われる。

いま一つ感じたことは、後世の文学者たちに及ぼしたスウェーデンボルグの影響の大きさである。本書では十分に論じられなかったが、これについては、エマーソン、ブレイク、ストリンドベリ、ドストエフスキー、ボルヘス、ミウォシュなどとの関連を扱った専門研究者の諸論文が『エマヌエル・スウェーデンボルグ——持続するヴィジョン』（ロビン・ラーセン編、高橋和夫監修、春秋社、一九九二年）の「文学篇」に収録されているので、関心のある読者はぜひ一読してほしい。

私事にわたり恐縮だが、筆者は大学の卒業論文でスウェーデンボルグの宗教思想を取り上げ、その際、学内では下村寅太郎先生と磯部忠正先生の指導を、学外では故・鳥田四郎先生の指導を受けた。三人の先生はその後も筆者に研究を続けるよう励ましてくださった。当時、若者たちの眼は政治や社会へ向けられ、人間の内面を論じるスウェーデンボルグのようなマイナーな思想家は重視されなかった。しかし現在では、科学と宗教、物質と精神、西洋と東洋といった二元的な枠組をどうやって乗り越え、人間存在をトータルにとらえるかが問われている。筆者には、スウェーデンボルグの思想がこの問いに対して何らかのヒントを示唆するものと思えてならない。

本書の出版に際しては、講談社学芸図書出版部の堀越雅晴氏と川崎敦子氏のお世話になった。御二人に心から感謝申し上げたい。

一九九四年晩秋

高橋和夫

学術文庫版あとがき

本書は一九九五年に講談社現代新書より『スウェーデンボルグの思想――科学から神秘世界へ』として出版された。以来四半世紀が過ぎ、幸いにも多くの読者を得た。スウェーデンボルグの生涯と思想の入門書としておおむね好評だったが、新書版では不十分なので質・量ともっと内容を充実させてほしいとの強い要望もあった。そののちもテーマを絞ったスウェーデンボルグの研究書を、共著も含めて何冊か出版してきたが、このたび講談社の岡林彩子さんから、本書を学術文庫として刊行したいというお話をいただいたのは大きな驚きであり喜びであった。新書が学術文庫に収められるというのは私には異例なことに思われたからである。それでも本書は筆者の最も愛着のある一冊なので、学術文庫に収めていただきこれを充実させたいと思うようになった。

スウェーデンボルグはこの四半世紀に一般からも学界からも大いに知られ、注目、研究されるようになった。新書版はスウェーデンボルグの生誕三〇〇年（一九八八年）を祝う世界的気運の中で刊行された。国内では一九九七年に有志が集い日本スウェーデンボルグ協会（Japan Swedenborg Association＝ＪＳＡ）が結成され、研究や交流が活発になり研究成果も「JSA会報」に掲載されるようになった。一方そののち世界的にも一つの転機を迎えることとなった。スウェーデンボルグの母国スウェーデンでは、スウェーデンボルグの科学と宗教に関わるほぼすべての著作の手稿が「スウェーデンボルグコレクション」の名のもとに二〇〇五年、ユネスコの「世界記憶遺産」に登録されたのである。このあたりについてはJSA代表である大賀睦夫氏の「解説」に詳しいので参照してほしい。

こうした時流の中、新たに様々な邦文・欧文の研究書が集積された。この間の研究書、翻訳書、論文などについても、この方面に精通している大賀氏にお願いして「参考文献補遺」として増補していただいた。

本書の出版にあたっては多くの人びとのお世話になった。学術文庫に収めるお話をいただき、編集のこまごましたことの一切の労をとられた岡林彩子さんに感謝申し上げます。「解説」、「参考文献補遺」を書いてくださった大賀睦夫氏は本書をより充実したものにしてくださった。心より御礼申し上げます。また病身の父を助け岡林さんとの連絡役を引き受けてくれた娘の美乃にも感謝します。

いわば現代新書の新装改訂版として復活した本書が以前にも増して広く読まれ、一八世紀の天才科学者にして稀代の神秘家スウェーデンボルグの生涯と思想の学術的入門書であり続けるなら、筆者のささやかな努力も報われるであろう。最後に、このように多くの方がたの助けを受け文庫版として出版された本書が読者の皆様の生きていく中での学びに役立つように願ってやみません。

二〇二一年二月

高橋和夫

解説

大賀睦夫

本書は、スウェーデンボルグの思想の概説書であるが、彼の神学的著作のみならず科学的著作や哲学的著作も取り上げられている点にその特徴がある。わが国では、スウェーデンボルグの紹介は、これまでほとんど宗教の領域に限られてきた。しかし、スウェーデンボルグの真の偉大さは、科学、哲学のあらゆる領域を探究し、それらの学問を自家薬籠中の物にした上で、さらに神学者になり、多くの著作を残した点にある。彼は突然霊感を受けて宗教書を書いたというような人では決してなかった。霊的ヴィジョンにも積み重ねがあったわけである。したがって、スウェーデンボルグを正しく理解するためには、本書のようにその全体像を見なければならない。

そのスウェーデンボルグについて、高橋和夫氏は、本書の冒頭で「現代において彼を再評価しようという気運が世界各地で高まっている」と書いている。この一文が書かれてから四半世紀が過ぎた今、スウェーデンボルグの評価はどう変わったであろうか。

一言でいうと、スウェーデンボルグの評価はますます高まっている。その象徴的な出来事が、二〇〇五年、スウェーデンボルグの二万ページにおよぶ手書き文書が、ユネスコの記憶遺産（世界の記憶）に選定されたことだった。それから五年後の二〇一〇年、文書の電子カタログ完成時に、記憶遺産選定を記念したスウェーデンボルグ・シンポジウムが、王立科学アカデミーで開催された。記憶遺産選定とは、ユネスコによる「世界的に重要な記録物」の認定であるから、その事実自体がスウェーデンボルグの思想が高く評価された証になる。実際、元ストックホルム大学学長でスウェーデンボルグ研究家のインニェ・ヨンソン博士は、記憶遺産選定をたいへん名誉なこととして、シンポジウムで次のように感謝のことばを述べている。「王立アカデミーだけでなくスウェーデンの文化全般が、イギリスとアメリカのさまざまなスウェーデンボルグ諸団体の恩恵を受けています。そのような団体の人的、財政的貢献がなければ、スウェーデンボルグは、今日のような世界的名声を博すことは決してなかったでしょう」（Karl Grandin ed., *Emanuel Swedenborg: Exploring a "World Memory": Context, Content, Contribution*, The Center for the History of Science, The Royal Swedish Academy of Sciences, Stockholm, Sweden, West Chester, Pa.: Swedenborg Foundation, 2013, chap. 20）。

記憶遺産選定とそれを記念したシンポジウムは、スウェーデンボルグ思想評価の現状を示すものである。そこでこの出来事を、原著刊行後の後日譚として、本解説で紹介しようと思う。

スウェーデンボルグの文書が記憶遺産に選定された理由は、ユネスコのホームページには次のように書かれている。

一、現存する一八世紀の手書き文書としては最大のコレクションである。
二、スウェーデンボルグの長い人生のあらゆる時期の原本が含まれている。
三、ヨーロッパ啓蒙時代における科学および神学思想についての重要な情報が含まれている。
四、新しいキリスト教の教会を生み出したきわめてまれな手書き文書コレクションである。

つまり、よく保存されてきたということと、内容が重要だということである。スウェーデンボルグの思想は、あまりにも時代を先取りしているので、長年、正当な評価を受けてこなかった。しかし、その学問的意義がようやく理解され始めたということであろう。神学著作の評価においては、論議を呼んだ啓示の書であるにもかかわらず、「新しいキリスト教の教会を生み出したきわめてまれな手書き文書コレクションである」と、肯定的に受けとめられていることが注目される。

ただこれを見ると、スウェーデンボルグ文書の重要性が認定された一方で、その選定理由はやや抽象的であるように感じられる。「重要な情報が含まれている」とは具体的にどういうことか。まさにこれがシンポジウムの課題だったといえよう。シンポジウムに集った研究者たちが、それぞれにスウェーデンボルグの重要性を論じているので、以下それを見ていくことにしよう。この時に発表された研究は、二〇一三年に編集されて出版されたので、それに拠ることにする（Ibid.）。

シンポジウムでは、スウェーデンボルグの業績は、著作の内容、時代背景、影響力の三つの側面から評価されることになった。以下、発表者と発表内容を、一言で要約し箇条書きで紹介する。①―⑦は著作内容について、⑧―⑪は著作の時代背景について、⑫―⑳は影響力についての発表となっている。

①スウェーデンボルグはメタファー（隠喩）を用いて考えた。（David Dunér）
②スウェーデンボルグは、近代的思考と決別した。（Stuart Shotwell）
③スウェーデンボルグは、性愛の問題に正面から取り組んだまれな宗教思想家だった。（Richard Lines）
④スウェーデンボルグ神学には普遍性がある。（Inese Radzins）

⑤スウェーデンボルグは心理学の祖の一人である。(Anders Hallengren)
⑥神学著作には大著と小著があり、外形的には不ぞろいであるが、それは異なる読者を想定したためである。(Jonathan S. Rose)
⑦スウェーデンボルグ・コレクションの利用・管理について。(Maria Berggren)
⑧スウェーデンボルグは、科学とキリスト教信仰を調和させた。(Lars Bergquist and Carina Nynäs)
⑨スウェーデンボルグは一八世紀の重要な哲学者の一人である。(Francesca Maria Crasta)
⑩スウェーデンボルグの著作『結婚愛』の教えとスウェーデン・ルター主義との間に共通性がある。(Jane Williams-Hogan)
⑪新教会の歴史的展開について。(Göran Appelgren)
⑫スウェーデンボルグは、エコクリティシズムや環境批評と呼ばれる新しい文学批評のジャンルに影響を与えている。(Devin Zuber)
⑬フィンランドの象徴主義画家ヒューゴ・シンベリ(一八七三―一九一七年)は、スウェーデンボルグの影響を受けた。(Nina Kokkinen)
⑭ポーランドの詩人ミウォシュは、スウェーデンボルグの著作の中に近代の病の処方箋を見出した。(Piotr Bukowski)

⑮スウェーデンボルグ信奉者の父から教育を受けたウィリアム・ジェイムズは、思慮深く平易な非二元論の立場を提示した。(Paul J. Croce)
⑯一九世紀のフィンランドではスウェーデンボルグはよく知られた人物で、フィンランドの文学に影響を与えた。(Tiina Mahlamäki and Tomas Mansikka)
⑰イギリスの詩人エリザベス・バレット・ブラウニングとアメリカの作家ウィリアム・ディーン・ハウエルズ(一八三七—一九二〇年)へのスウェーデンボルグの影響について。(Sylvia Montgomery Shaw)
⑱スウェーデンの牧師ヨーハン・タイベック(一七五二—一八三七年)は、迫害を受けながらも、スウェーデンボルグの教えを広めた。(Harry Lenhammar)
⑲一七七〇年代、八〇年代のドイツで、スウェーデンボルグの神学著作はよく読まれ、賛否両論を引き起こした。(Friedemann Stengel)
⑳スウェーデンボルグの手書き文書が記憶遺産に選定されるまでの歴史について。(Inge Jonsson)

以上がシンポジウムの全発表の要旨である。本書との異同を見てみよう。

第一に、シンポジウムでは、彼の影響力についての発表が多かった。ただ、ブレイクやエマーソンなど既知の情報は少なく、できるだけ新しい情報が紹介されたようである。⑫の環境批評の論議で、環境保全運動にもスウェーデンボルグの影響があると指摘されているのは興味深い。スウェーデンやフィンランドなど北欧における影響は、われわれにはなじみのうすい新情報である。これに対し、本書では、スウェーデンボルグの影響力については、紙幅の都合であろうか、大きく扱われていない。

第二に、シンポジウムでは、スウェーデンボルグを哲学者として、また心理学者として正当に評価すべきであるという主張があったが、本書も同じ立場であり、哲学的著作、合理的心理学なども詳しく解説されている。

第三に、もっとも重要なことであるが、シンポジウムの何人もの発表者が、スウェーデンボルグは近代の二元論を克服したことを強調しており、これがシンポジウム全体の支配的トーンになっている。②④⑧⑫⑭⑮の発表には、いずれもそのような趣旨の発言がみられる。「科学者時代のスウェーデンボルグは、自然を神から切り離された機械装置と見ていたが、神学者に転身すると世界は主の王国をあらわす舞台と見るようになった」(Ibid., chap. 2)とか、「地上世界と霊的世界は切り離されているのではなく、照応によって結びついており、物質世界の起源と原因は、非物質世界にある」(Ibid., chap. 8)などと述べられている。

この点は本書も同じ立場であり、シンポジウムと同様にもっとも重視されているところである。第二章で、スウェーデンボルグが、当初、デカルト的精神で自然と人間を探究したものの、霊魂の探究において方法的限界に直面し、苦悶に満ちた試練の末に神学者に転身したプロセスが詳しく紹介されている。そして第三章では、彼の霊の目が開かれ、霊的世界のありようを限なく見たこと、さらに第四章で照応にもとづく聖書解釈、そして第五章で普遍性をもつ宗教的教えが詳しく説かれ、最後に、彼の思想の意義として近代二元論の克服について述べられている。本書あとがきの高橋氏のことばを再録しておこう。「現在では、科学と宗教、物質と精神、西洋と東洋といった二元的な枠組をどうやって乗り越え、人間存在をトータルにとらえるかが問われている。筆者には、スウェーデンボルグの思想がこの問いに対して何らかのヒントを示唆するものと思えてならない」。

デカルトの機械論、物心二元論は、近代科学の発展に寄与したとはいえ、現在ではそのマイナス面を批判されることが多い。精神生活が科学とは無関係のものとして等閑視されると、人間の内面は自己愛と世俗愛の塊になって、科学技術もそのような低次元の欲望の実現のために利用され、破壊的結果がもたらされるであろう。現在、多くの人がそうした懸念を抱いているのではないだろうか。スウェーデンボルグを再評価しようという声が上がるのは、結局、近代二元論のそのような危険な側面を修正する力が彼の思想の中にあるからではないだろうか。

すべては偶然の所産として単純なものから複雑なものが生まれるという機械論的見方は、世俗世界に縛られた転倒した考えであるとして、スウェーデンボルグは、苦悶の末に、そのような見方と決別した。われわれはこの問題にどう対処するのか、今もそれが問われ続けている。

（香川大学名誉教授）

参考文献補遺

参考文献についても、この四半世紀の新たな動きを紹介しておきたい。英訳神学書に関しては、アメリカにあるスウェーデンボルグ財団（Swedenborg Foundation）が、すべての著作を新たに翻訳して出版するという企画を進行させている。財団は、これまですべての神学書をそろえたいという人のために、三〇巻からなるスタンダード版を出してきたが、翻訳されて一〇〇年以上がたち、いろいろな意味で古くなった。そこで財団は、一九九〇年代末に、時代に合った翻訳書の出版を企画し、ニュー・センチュリー版が誕生した。時代に合った訳語を使用して、理解を深めるための解説や注釈がつけられている。今後は、これが新たなスタンダード版になるだろう。『天界と地獄』『神の愛と知恵』『神の摂理』『真のキリスト教』など主要神学書は、すでにニュー・センチュリー版で出ている。ただ、本シリーズの『天界の秘義』は、二〇二一年現在で、まだ第二巻までしか出ていないので、完成までには相当時間がかかるのではないだろうか。

ラテン語原典版はスウェーデンボルグ財団とイギリスのスウェーデンボルグ協会（Swedenborg Society）から出ていたが、最近は品切れになって入手できないものが多い。ラテン語の『天界の秘義』は今でも協会から全巻が出ているが、これはまれなケースである。もちろん原典を手元に置いておきたいという要望はあるので、いろいろな出版社が著作権の切れた古い本を復刻版で出している。最近は、このような形で原典版を入手せざるをえないようである。ただしオンラインで読むことはできる。

邦訳神学書は、現在（二〇二一年）も、アルカナ出版から出ている長島達也原典訳が入手できる。長島氏は一九八五年『天界と地獄』の刊行を皮切りに、主要な神学書を次々に翻訳し、二〇〇〇年頃から大著『天界の秘義』の翻訳に取り組んだ。しかし、全一二巻の予定だったが、第八巻で終了しており、全巻翻訳はならなかった。静思社の柳瀬芳意氏の訳書は、現在は品切れになっているものも多い。そうした中、二〇一〇年に、スウェーデンボルグの著作および関連書を出版する目的で、スヴェーデンボリ出版が設立された。鈴木泰之氏が精力的にラテン語原典と英語の関連書を翻訳出版している。これまで『天界と地獄』『神の愛と知恵』『神の摂理』『真のキリスト教』『結婚愛』等が出版されている。この他、スウェーデンボルグの神学書は、高橋和夫氏による次の二冊が出ている。

『スウェーデンボルグの星界報告』（高橋和夫訳編、たま出版、二〇一六年）
『スウェーデンボルグ、聖書を読む――「預言書」と「詩篇」の神髄』（高橋和夫訳、論創社、二〇一九年）

邦語の解説書、新たに翻訳された評伝には次のようなものがある。
高橋和夫『スウェーデンボルグの「天界と地獄」――神秘思想家の霊的世界を解き明かす』（P

ＨＰ研究所、二〇〇八年）
日本スウェーデンボルグ協会編『スウェーデンボルグを読み解く』（春風社、二〇〇七年）
アルフレッド・アクトン『スヴェーデンボリの準備』（鈴木泰之訳、スヴェーデンボリ出版、二〇一二年）
シリエル・オドナー・シグステッド『スヴェーデンボリ叙事詩——その生涯と著作』（鈴木泰之訳、スヴェーデンボリ出版、二〇一二年）

最後に、一九九五年以降に英語で出版された主要な解説書、研究書を紹介しておきたい。なお、スウェーデンボルグを研究する場合は、以下のリスト中の Woofenden, *Swedenborg Explorer's Guidebook* が必携書である。これは一九八八年に *Swedenborg Researcher's Manual* というタイトルで出たものであるが、改訂拡大版になりタイトルも変更になった。スウェーデンボルグの著作の情報のみならず、参考書も詳しく紹介されている。

Dole, George F., *The Universe and I: Where Science and Spirituality Meet*, West Chester, Pa.: Swedenborg Foundation, 2018.
——*A Book About Us: The Bible and Stages of Our Lives*, West Chester, Pa.: Chrysalis Books, 2007.
——*Sorting Things Out,* San Francisco: J. Appleseed & Co., 1994.
Dole, George F. ed. and. trans., *A Thoughtful Soul: Reflections from Swedenborg,* Foreword by Huston Smith, West Chester, Pa.: Chrysalis Books, 1995.

Gabay, Alfred J., *The Covert Enlightenment: Eighteenth-Century Counterculture and Its Aftermath*, West Chester, Pa.: Swedenborg Foundation, 2005.

Grandin, Karl ed., *Emanuel Swedenborg: Exploring a "World Memory": Context, Content, Contribution,* The Center for the History of Science, The Royal Swedish Academy of Sciences, Stockholm, Sweden, Westchester, Pa.: Swedenborg Foundation, 2013.

Hallengren, Anders, *Gallery of Mirrors: Reflections of Swedenborgian Thought*, Foreword by Inge Jonsson, West Chester, Pa.: Swedenborg Foundation, 1998.

Jonsson, Inge, *Drama of Creation: Sources and Influences in Swedenborg's "Worship and Love of God"*, Translated by Matilda McCarthy, West Chester, Pa.: Swedenborg Foundation, 2004.

Kirven, Robert H., *Angels in Action: What Swedenborg Saw and Heard*, West Chester, Pa.: Chrysalis Books, 2019.

——*A Book about Dying: Preparing for Eternal Life*, West Chester, Pa.: Chrysalis Books, 1997.

Lachman, Gary, *Swedenborg: An Introduction to His Life and Ideas*, TarcherPerigee, 2012.

——*Into the Interior: Discovering Swedenborg*, London: The Swedenborg Society, 2006.

Lamm, Martin, *Emanuel Swedenborg: The Development of His Thought*, Translated by Tomas Spiers and Anders Hallengren, West Chester, Pa.: Swedenborg Foundation, 2000.

Rose, Donald L. ed., *Debates with Devils: What Swedenborg Heard in Hell,* Translated by

Lisa Hyatt Cooper, With an introduction by Leonard Fox, West Chester, Pa.: Chrysalis Books, 2000.

Schnarr, Grant R., *Return to the Promised Land: The Story of Our Spiritual Recovery*, West Chester, Pa.: Chrysalis Books, 1997.

Taylor, Douglas and Reuben P. Bell, *The Hidden Levels of the Mind: Swedenborg's Theory of Consciousness*, West Chester, Pa.: Swedenborg Foundation, 2011.

Taylor, Douglas, *Spirituality That Makes Sense*, West Chester, Pa.: Chrysalis Books, 2000.

Taylor, Eugene, *A Psychology of Spiritual Healing*, West Chester, Pa.: Chrysalis Books, 1997.

Woofenden, William R., *Swedenborg Explorer's Guidebook: A Research Manual*, West Chester, Pa.: Swedenborg Foundation, 2008.

Zuber, Devin P., *A Language of Things: Emanuel Swedenborg and The American Environmental Imagination*, Charlottesville, Va.: University of Virginia Press, 2020.

（大賀睦夫作成）

本書の原本は、一九九五年に講談社現代新書『スウェーデンボルグの思想――科学から神秘世界へ』として小社から刊行されました。

高橋和夫（たかはし　かずお）

1946年，新潟県生まれ。学習院大学大学院人文科学研究科博士課程満期退学。文化学園大学名誉教授。専門は，哲学，宗教学。主な著書に，『スウェーデンボルグの宗教世界』，『スウェーデンボルグの「天界と地獄」』など。主な訳書に，エルンスト・カッシーラー『カントの生涯と学説』（共訳），エマヌエル・スウェーデンボルグ『霊界日記』（編訳），ヘレン・ケラー『私の宗教』（共訳）など。

講談社学術文庫

定価はカバーに表示してあります。

スウェーデンボルグ
科学《かがく》から神秘《しんぴ》世界《せかい》へ
高橋《たかはし》和夫《かずお》

2021年5月11日　第1刷発行

発行者　鈴木章一
発行所　株式会社講談社
東京都文京区音羽 2-12-21 〒112-8001
電話　編集（03）5395-3512
販売（03）5395-4415
業務（03）5395-3615
装　幀　蟹江征治
印　刷　株式会社廣済堂
製　本　株式会社国宝社
本文データ制作　講談社デジタル製作

ISBN978-4-06-522913-2

「講談社学術文庫」の刊行に当たって

これは、学術をポケットに入れることをモットーとして生まれた文庫である。学術は少年の心を養い、成年の心を満たす。その学術がポケットにはいる形で、万人のものになることは、生涯教育をうたう現代の理想である。

こうした考え方は、学術を巨大な城のように見る世間の常識に反するかもしれない。また、一部の人たちからは、学術の権威をおとすものと非難されるかもしれない。しかし、それはいずれも学術の新しい在り方を解しないものといわざるをえない。

学術は、まず魔術への挑戦から始まった。やがて、いわゆる常識をつぎつぎに改めていった。学術の権威は、幾百年、幾千年にわたる、苦しい戦いの成果である。こうしてきずきあげられた城が、一見して近づきがたいものにうつるのは、そのためである。しかし、学術の権威を、その形の上だけで判断してはならない。その生成のあとをかえりみれば、その根は常に人々の生活の中にあった。学術が大きな力たりうるのはそのためであって、生活をはなれた学術は、どこにもない。

開かれた社会といわれる現代にとって、これはまったく自明である。生活と学術との間に、もし距離があるとすれば、何をおいてもこれを埋めねばならない。もしこの距離が形の上の迷信からきているとすれば、その迷信をうち破らねばならぬ。

学術文庫は、内外の迷信を打破し、学術のために新しい天地をひらく意図をもって生まれた。文庫という小さい形と、学術という壮大な城とが、完全に両立するためには、なおいくらかの時を必要とするであろう。しかし、学術をポケットにした社会が、人間の生活にとってより豊かな社会であることは、たしかである。そうした社会の実現のために、文庫の世界に新しいジャンルを加えることができれば幸いである。

一九七六年六月　　野間省一

西洋の古典

アルキビアデス　クレイトポン
プラトン著／三嶋輝夫訳

ソクラテス哲学の根幹に関わる二篇。野心家アルキビアデスにソクラテスは自己認識と徳の不可欠性を説く（アルキビアデス）。他方、クレイトポンは徳の内実と修得法を教えるようソクラテスに迫る（クレイトポン）。

2408

死に至る病
セーレン・キェルケゴール著／鈴木祐丞訳

「死に至る病とは絶望のことである」。この鮮烈な主張を打ち出した本書は、キェルケゴールの後期著作活動の集大成として燦然と輝く。最新の校訂版全集に基づいてデンマーク語原典から訳出した新時代の決定版。

2409

星界の報告
ガリレオ・ガリレイ著／伊藤和行訳

月の表面、天の川、木星……。ガリレオにしか作れなかった高倍率の望遠鏡に、宇宙は新たな姿を見せた。その衝撃は、伝統的な宇宙観の破壊をもたらすことになる。人類初の詳細な天体観測の記録が待望の新訳！

2410

自然魔術
G・デッラ・ポルタ著／澤井繁男訳

イタリア・ルネサンス末期に活躍した自然探究者デッラ・ポルタ。地中海的な知の伝統のなかに生まれ、実験と観察を重視する研究態度は「白魔術」とも評された。プリニウス『博物誌』と並び称される主著の抄訳。

2431

比較史の方法
マルク・ブロック著／高橋清徳訳

歴史学に革命を起こした「アナール派」の創始者による記念碑的講演。人はなぜ歴史を学ぶのか？　そして、歴史から何を知ることができるのか？　根本的な問いを平易に説いた名著を全面改訂を経た決定版で読む！

2437

宗教改革三大文書　付「九五箇条の提題」
マルティン・ルター著／深井智朗訳

記念碑的な文書「九五箇条の提題」とともに、一五二〇年に公刊され、宗教改革を決定づけた『キリスト教界の改善について』、『教会のバビロン捕囚について』、『キリスト者の自由について』を新訳で収録した決定版。

2456

西洋の古典

言語起源論
ヨハン・ゴットフリート・ヘルダー著／宮谷尚実訳

神が創り給うたのか？ それとも、人間が発明したのか？——古代より数多の人々を悩ませてきた難問に果敢に挑み、大胆な論を提示して後世に決定的な影響を与えた名著。初めて自筆草稿に基づいた決定版新訳！

2457

書簡詩
ホラーティウス著／高橋宏幸訳

古代ローマを代表する詩人ホラーティウスの主著。オウィディウス、ペトラルカ、ヴォルテールに連なる韻文による書簡の伝統は、ここに始まった。名高い『詩論』を含む古典を清新な日本語で再現した待望の新訳。

2458

リュシス　恋がたき
プラトン著／田中伸司・三嶋輝夫訳

美少年リュシスとその友人を相手にプラトンが「友愛」とは何かを論じる『リュシス』。そして、「知を愛すること」としての「哲学」という主題を扱った『恋がたき』。「愛すること」で貫かれた名対話篇、待望の新訳。

2459

メタサイコロジー論
ジークムント・フロイト著／十川幸司訳

「抑圧」、「無意識」、「夢」など、精神分析の基本概念を刷新するべく企図された幻の書『メタサイコロジー序説』に収録されるはずだった論文のうち、現存する六篇すべてを集成する。第一級の分析家、渾身の新訳！

2460

国家の神話
エルンスト・カッシーラー著／宮田光雄訳

稀代の碩学カッシーラーが最晩年になってついに手がけた畢生の記念碑的大作。独自の「シンボル（象徴）」理論に基づき、古代ギリシアから中世を経て現代に及ぶ壮大なスケールで描き出される怒濤の思想的ドラマ！

2461

七十人訳ギリシア語聖書　モーセ五書
秦　剛平訳

前三世紀頃、七十二人のユダヤ人長老がヘブライ語聖書をギリシア語に訳しはじめた。この通称「七十人訳」こそ、現存する最古の体系的聖書でありイエスの時代の聖書である。西洋文明の基礎文献、待望の文庫化！

2465